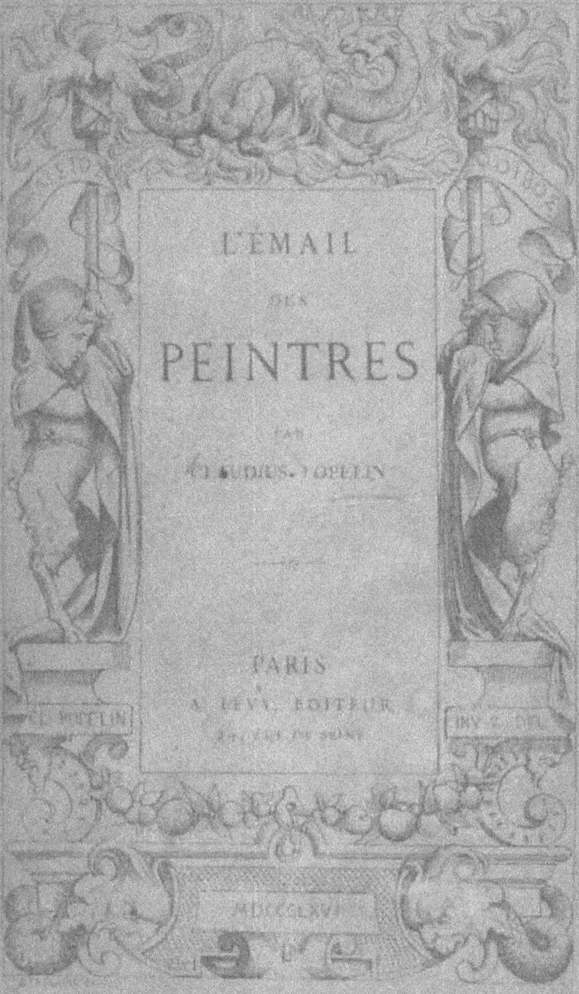

L'ÉMAIL DES PEINTRES

PAR

CLAUDIUS POPELIN

PARIS

A. LÉVY, ÉDITEUR

29, RUE DE SEINE

MDCCCLXVI

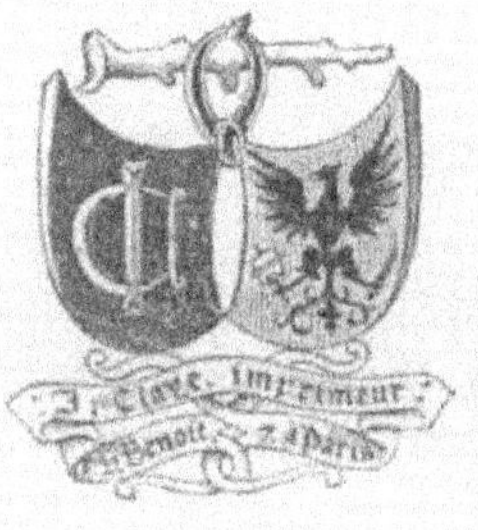
J. Claye, imprimeur
Benoit 7 à Paris

L'ÉMAIL

DES PEINTRES

« Tous les arts sont obscurcis, remplis de vanitez,
» d'artifices inutils et peu nécessaires, par la malice des
» professeurs d'iceux, qui ont voulu rendre leurs sciences
» plus longues, à fin de leur donner réputation, et y
» gaigner davantage; tous lesquels artifices, paroles et
» discours inutils, il faut sçavoir tirer et séparer, ainsi
» que la paille du grain pour profiter le temps. »

GASPARD DE SAULX, seigneur de Tavannes.

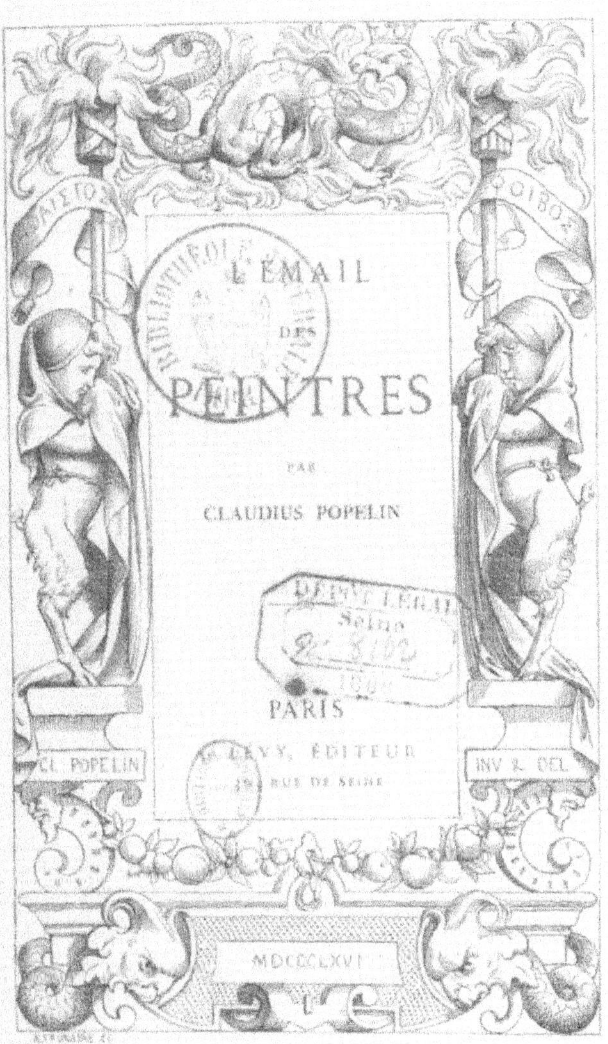
L'EMAIL
DES
PEINTRES
PAR
CLAUDIUS POPELIN
PARIS
LÉVY, ÉDITEUR
19, RUE DE SEINE
CL. POPELIN
INV & DEL
MDCCCLXVI

A

ISIDORE PILS

peintre d'histoire

CE LIVRE EST DÉDIÉ

en témoignage de
profonde estime
et de vieille
amitié.

* *
*

CLAVDIVS POPELIN

SONNET

À

CLAUDIUS POPELIN, MAITRE ÉMAILLEUR

Le Temps efface l'Art avec un doigt trop prompt,
Et l'éternité manque à la forme divine.
Le Vinci sous son crêpe à peine se devine,
Et de Monna Lisa l'ombre envahit le front.

Ce que nos yeux ont vu, bien peu d'yeux le verront.
On cherche au Vatican Raphaël en ruine,
Michel-Ange s'éteint aux murs de la Sixtine;
Comme Apelle & Xeuxis ils s'évanouiront.

Mais toi, mon Claudius, tu fixes ta pensée;
Tel que l'ambre une fleur, l'immarcessible émail
Contre les ans vaincus abrite ton travail.

Des reflets de l'iris ton œuvre est nuancée,
L'ardente transparence y luit sur le paillon,
Et chez toi l'Idéal a toujours son rayon.

THÉOPHILE GAUTIER

Ce 28 juin 1866.

INTRODUCTION

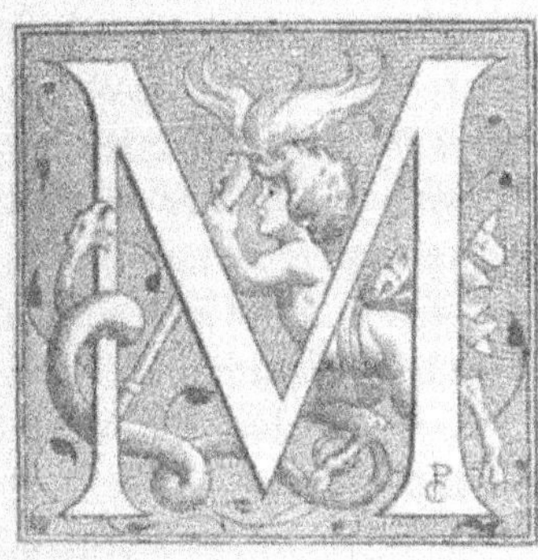

METTRE aux mains des hommes de bonne volonté les moyens pratiques de faire de l'émail, leur indiquer la voie véritable où se doit maintenir cet art national, c'est ce que se propose ce petit livre.

Il va sans dire qu'il ne s'agit ici que de l'émail des peintres, tout autre emploi relevant plutôt de l'industrie que de l'art proprement dit. Ce n'est pas qu'on ne puisse constater une tendance très-marquée à rapprocher ces frères ennemis. Toutefois, malgré de grands efforts pour cimenter la paix entre eux, elle n'est pas si bien établie, & leurs mains ne sont pas tellement jointes, que leurs dénominations ne retiennent des acceptions tranchées &, pour longtemps encore, un sens opposé, malheureusement. C'est pourquoi ce mot nouveau d'*art industriel* semble plus une promesse qu'une vérité.

Les générations antérieures, qui ont fait de si belles choses dans l'application des arts plastiques aux objets d'utilité ou de luxe, ignoraient cette appellation hybride. Ce que nous nommons industrie n'existait guère. Le nombre très-restreint des riches de ce monde ne suscitait qu'une fabrication fort limitée, &, chacun restant dans sa sphère, le faux luxe était inconnu. Partant, point de cet étrange compromis entre l'économie & le désir de briller. L'artisan ou l'artiste, muré dans son métier ou dans son art, y trouvait sa joie suprême & son unique liberté. Mais cette joie était vive, & cette liberté sans limites. Aussi embrassait-on nuptialement son état, comme parlaient nos pères. Généralement l'union était féconde & la lignée saine. Presque tout réunissait, à la recherche de la forme, la solidité de la façon. Présentement il n'en est pas toujours ainsi; ce qui est beau d'apparence souvent est mal fabriqué, ce qui est solide est presque toujours laid. D'éclatantes exceptions, au lieu d'infirmer la règle, la confirment par leur rareté. D'où s'ensuit que, l'essence constitutive du beau n'étant, à tout prendre, que l'union de la force & de la grâce, on ne rencontre guère cette splendeur du vrai du divin Platon.

Il est bien entendu que je parle seulement des arts industriels, & je rejette au loin l'accusation de fétichisme pour le passé. Je ne saurais imiter ces étranges personnes qui regrettent amèrement le temps des talons rouges, oubliant vraisemblablement que s'il avait duré elles seraient encore en sabots. Je ne veux pas surtout faire le procès à notre siècle si riche de grandeurs inconnues aux autres. Il est d'ailleurs en travail comme pas un ne le fut jamais & n'a pas dit son dernier mot. Que de forces dont la résultante est inconnue! que de dissonances qui se résoudront en justes accords! Tout est bien qui finit bien; ce n'est pas un mauvais adage.

Assurément, si une branche de l'industrie réclame impérieusement le secours de l'art, c'est la céramique. Depuis l'héracléon, cette coupe d'or du soleil dans laquelle Hercule passa la mer à Érythie, jusqu'à l'amphootis de bois des campagnards de l'Hellade, depuis le vase géant qui décore l'*atrium* de César, jusqu'à l'humble écuelle du pauvre homme, on ne saurait se passer de faire appel à la couleur ou à la forme, sous peine d'avoir de ces objets sans plus de valeur que la poussière des routes & que l'humanité ne produira plus dans quelques siècles. Cette forme & cette couleur peuvent si bien s'emparer du vase & de l'écuelle, si bien les transformer

& les ennoblir, qu'elles en fassent des chefs-d'œuvre & leur assignent une place honorable entre les plus belles productions de la peinture & de la sculpture.

C'est ainsi que l'Italie, dans la majolique où elle fut la mère nourricière des autres nations, est parvenue au sommet d'un art éclatant. Della Robbia, Giorgio Andreoli, Cenzio, Xantho da Rovigo, sont des maîtres inimités & constellent le bandeau royal de cette admirable nation, qui, si supérieure dans les grands arts, n'a pas laissé que d'ennoblir les moindres. On s'en dispute les épaves comme on ferait des reliques d'Athènes.

La France, elle aussi, a eu sa gloire céramique; mais, dussé-je soulever contre moi le ban & l'arrière-ban de l'hôtel des ventes, j'affirme qu'à part le grand Bernard Palissy, génie tout personnel & isolé, on ne saurait, dans toute la céramique française (j'en excepte l'émail que l'on y veut comprendre), accorder à un seul homme le nom d'artiste dans son acception élevée & absolue. Et de Rouen à Marseille, de Nevers à Strasbourg, de la Saintonge à Moustiers, des Flandres à Bordeaux, c'est partout une industrie plus ou moins charmante, tout abondante en produits intéressants, d'un goût souvent exquis & dont, pour ma part, je suis affolé comme un autre; mais de l'art, non.

C'est bien simple, depuis les premiers établissements du duc de Nevers jusqu'à nos jours, jamais des hommes d'un talent supérieur n'ont daigné s'en occuper.

Il n'en fut pas de même en Italie, où, dès le xve siècle, un très-grand sculpteur y a donné le branle; où, pendant une période de cinquante années, les cours de Ferrare & d'Urbin, les plus polies du monde entier, ont imprimé à la majolique un essor prodigieux. Les d'Este, les Sforceschi, puis les Feltreschi apportèrent là une véritable passion. C'était, après le souci de se tenir en équilibre entre le roi, le pape & l'empereur, leur étude & leur plaisir. Ils quittaient leur carapace des batailles & oubliaient les trames de leur fine politique pour aller voir chauffer leurs fours, sans préjudice des nobles assemblées & des doctes & spirituelles causeries.

Car, pour le dire en passant, on n'a pas une idée de ce qu'était la cour d'Urbin sous le duc Guid'-Ubaldo Ier. Ce prince avait réuni, dans le grand & somptueux palais bâti par son père, le duc Frédéric, des hommes à faire la gloire d'un grand empire: Octavien & Frédéric Frégose, le magnifique Julien de Médicis, Pierre Bembo, César de Gonzague, le comte Louis de Canossa, Gaspard Pallavicini, Ludovico Pio, Morello d'Ortone, Pierre de Naples, messer Robert de Bari. C'est là que venaient se retremper, comme en un foyer de courtoisie & de gentillesse, l'unique Arétin, Bernard Bibienna, Jean Christophe Romain, Alfonse Arioste, Pietro Monte,

Therpandre, Nicolas Phiriso & le comte Balthasar de Castiglione. Là brillaient, parmi les dames de la sage Élisabeth de Gonzague, la douce Æmilia Pia, Constance & Marguerite Frégose. On y dansait aux sons des instruments de Barletta. C'est là que chantaient maestro Bidon & l'insigne Marchetto Cara : *Di modò che semper poeti, musici & li piu eccellenti in ogni facultà, chi in Italia si trovassino, vi concorrevano.*

Ferrare ne le cédait en rien à Urbin. On le concevra sans peine, sous un prince tel qu'Alphonse d'Este, marié à Lucrèce Borgia. Là aussi la majolique était en très-grand honneur. L'ingénieux & intrépide maître bombardier des champs de Ravenne, le Duc, inventait lui-même un engobe, où l'heureux accord du plomb avec l'étain produisait une blancheur d'un éclat inimitable & d'un glacé parfait.

Les hommes de talent devaient abonder en de tels milieux. Raphaël avait passé comme un météore. Guid' Ubaldo II, enthousiaste de son génie, recherchait avec avidité ses moindres œuvres, les recueillait pieusement, les imposait sévèrement à ses potiers. Il n'en fallait pas davantage pour communiquer, avec un grand élan, un très-grand caractère aux écoles des provinces métauriennes & du Ferrarais. Un enseignement élevé, la faveur éclairée & tolérante des grands, des artistes vraiment forts & nourris aux bonnes études, ont plus fait pour cet art que l'excellence des émaux colorants, que la finesse des argiles isauriennes, & en général que tous les moyens matériels & les habiles procédés qui naissent comme spontanément engendrés dans les atmosphères fécondées par l'intelligence & le savoir. Un fait bien digne de remarque, c'est que le développement de la majolique en Italie n'a pas été, comme en France, la conséquence de réformes somptuaires. On l'aimait parce qu'on la trouvait belle, de cette beauté qu'imprime l'esprit à la matière, quelle que soit d'ailleurs sa valeur intrinsèque & son poids spécifique. La sérénissime Venise ne trouvait rien de plus digne d'être offert à l'empereur Frédéric III qu'une coupe en verre d'Angelo Beroviero, à laquelle ce digne Germain préféra de l'or, & les princes magnifiques de Ferrare & d'Urbin ne savaient rien d'un si grand prix à donner aux souverains que des crédences garnies de majoliques.

En France, la faveur dont a joui la faïence & l'activité imprimée à ses fabriques datent de la fonte des vaisselles d'or & d'argent, hécatombe inutile aux finances de l'État, & qui nous a privés d'une admirable orfévrerie. Quant à la céramique de terre, encore qu'on ne l'ait pas portée chez nous au degré d'un art élevé, une décadence rapide est venue tôt l'anéantir. Cet abaissement suivait de près la ruine totale des émaux de Limoges, avec lesquels de grands artistes se sont immortalisés. Tout d'abord ils élevèrent cet art à une hauteur que l'Italie ne sut dépasser ni même atteindre. Cette dernière incarnation de la grande & antique émaillerie limousine, *opus Lemovici*, est à bon droit nommée émail des peintres, par opposition à l'émail cloisonné incrusté ou champlevé, qui est à proprement parler l'émail des orfèvres.

Le premier, le seul qui nous occupe, doit sa naissance à l'application sur métal des procédés du peintre verrier. Il est maintenant hors de doute que Nardon Pénicaud exerçait cette profession. Des peintres seuls pouvaient porter cet art au degré de perfection qu'il atteignit d'emblée entre leurs mains. Il dura peu; une dégénérescence rapide le précipita dans un néant absolu, dont il semble vouloir sortir de nos jours.

Ce serait tout un livre que la déduction des causes qui amenèrent presque simultanément cette décadence accélérée & universelle. Vitraux des Flandres & de Suisse, verixellis de Venise, majolique italienne; céroplastique du Verrochio, glyptique de Jean delle Carniole, de Francia, de Matteo dal Nassaro, de Coldoré, de Clément Birague; ébénisterie de Jean de Vérone, de Brunelleschi & du Maïano; médailles du Pisan, d'Étienne de l'Aulne & de Dupré; xylographie lyonnaise & allemande, typographie des Alde, des Froben, des Gryphe &

des Estienne, précieuses & modestes écoles des Clouet & du Petit-Bernard; architectures vraiment françaises, peintures aux simples & sublimes doctrines, sculpture des Jean Goujon, langue des d'Ossat, il semble que cet admirable XVIe siècle emporte en mourant dans son linceul tout ce que les bonnes fées ses marraines déposèrent de dons sur son berceau. A peine s'il en laisse les débris à son successeur. La grande renaissance française, qui a ses racines en plein moyen âge, & dont l'expansion sous les Valois commence à pâlir sous Henri IV pour s'éteindre sous Louis XIII, jette la dernière & vive lueur de la flamme qui va mourir dans le doux & chaste Lesueur, dans le profond & incomparable Poussin. Elle expire, irrémissiblement écrasée, sous cette botte altière qui foula si cavalièrement les parlements.

Cette belle fille, qui emportait dans les replis de ses banderoles toutes les élégances & toutes les grâces, fine, élancée, svelte & forte, pleine de vie, de sens & d'esprit, riche de toutes les délicatesses, allant fière & radieuse à travers le pays des charmants symboles, livrant ses mille tresses blondes aux quatre vents des beaux caprices, ce regain verdoyant de l'antiquité moissonnée aux régions de la libre fantaisie, cette création des maîtres, tout emplie & comme grosse des mythes de l'éternel renouveau des vieux mondes, la voici qui se manière &

s'attife en précieuse. Ce n'est plus Diane l'aventureuse, la longue chasseresse mystérieuse, chaussée de l'endromis & la trousse aux épaules, c'est Bélise & c'est la Camargo. Non plus cette libre allure & cette fierté des nobles recherches, mais un art de belle montre & de souple encolure, ayant charge à la cour & pension au bail des fermiers. Non plus cette grande naïveté qui s'ignore, mais cette tendance aux puérilités mièvres des caducités corrompues. Force amours, force bergeries, le retroussé chasse le nu. La ligne pure aux savantes inflexions, aux combinaisons mesurées, se recroqueville dans les gibbosités du rococo. La traduction du corps humain ne se soustrait pas elle-même à cette passion pour les flasques sinuosités. Rien n'échappe au chiffonnement universel. Tout cela patronné, inspiré, dirigé par une aristocratie polie & délicate, mais assurément très-futile, & qui, déshéritée depuis longtemps de l'initiative des grandes actions, en avait oublié la pratique & ne pouvait plus guère avoir le sentiment des grandes choses.

Si l'on fait honneur aux Mécènes des floraisons du génie, — ce qui pourrait se contester sans énormité paradoxale, — on devrait admettre que la responsabilité des dégénérescences leur incombât *ipso facto*. Pour ma part, je les en absoudrais volontiers, n'étant pas de ceux qui pensent que les regards de

Louis enfantaient des Corneilles. Il faudrait, en bonne logique, faire honneur à son triste héritier du président de Montesquieu. Léon X ne fit ni Michel-Ange, ni Raphaël, ni Bramante, & s'il mit Machiavel à la torture, ce n'est pas, j'imagine, en vertu de droits paternels sur ce sublime génie. S'est-on jamais avisé d'attribuer à quelque doge Titien, Tintoret ou Giorgione? Les apologies de l'Anglais W. Roscoe ne me prouveront pas que le vieux Médicis ait créé Michel Gozzoli, Masaccio, Ghiberti, Brunellesco, Lippi, Donatello, ni que son petit-fils Laurent ait ajouté quelque chose à la valeur du Vinci, qui s'expatria, ou de Fra Bartolomeo, l'ami de Savonarola.

Mais j'estime que les grandes écoles, qui se sont développées lentement, sûrement & progressivement, par voie d'enseignements & de traditions, doivent leur épanouissement à mille circonstances indépendantes des prévisions comme des volontés ou des influences suzeraines. J'avance, sans être trop osé, qu'elles ont été la plupart du temps égarées par les grands de la terre, du jour où, tenant à honneur de protéger les beaux-arts, ils ont cru, avec la meilleure intention du monde, avoir le droit de les diriger. Sitôt qu'on attente à leur liberté, on les fait déchoir & on les corrompt. Tous les hommes ne peuvent, comme le divin Sanzio, rembarrer vertement des cardinaux faiseurs de critiques, ou, comme le fier Buonarotti, jeter de la poussière de marbre par le visage d'un Saint-Père.

C'était un des côtés de l'art architectural, au moyen âge, que ce champ libre absolu. Tant & de si sanglantes satires sur le haut clergé, dans les porches des cathédrales, en sont la preuve saisissante. Tous les arts participaient à cette indépendance, dont les traces subsistèrent jusqu'à Louis XIV. Ce grand niveleur fit tout passer sous sa règle. La même volonté qui décidait des campagnes & des traités ne laissait à personne le soin d'ajouter ou de supprimer un galon à l'habit des chevau-légers, & tranchait en dernier ressort sur les entablements & les archivoltes de ses maçonneries. Ce prince corrigeait de ses propres mains les plans de ses architectes, les dispositions de ses tapissiers, les croquis de ses décorateurs. Il est tel carton à la Bibliothèque impériale où l'on voit, sur des projets soumis au roi, les traces de son autocratique crayon. Cette tendance à tenir l'art en laisse & à faire des artistes les très-humbles serviteurs de ceux qui les emploient a passé pour ainsi dire dans la circulation, au point de faire partie du tempérament du public. Les seigneurs ont fait comme le maître, les bourgeois comme les seigneurs ; c'est le danger des Périclès que les Critias les parodient, &, quand Léandre se mire dans ses plumes, Mascarille se donne les violons.

Ah! que le grand nez du roi François était bien mieux avisé! *Naso perfetto, naso principale, naso divino!* Quand ce héros de l'Arétin ratiocinait avec Budé sur la philologie, avec Alciat sur le droit, avec Marot sur l'hémistiche, avec Du Bellay ou Lascaris sur la conduite des études, avec Danès sur la pédagogie, avec Benvenuto, Primatice, le Rosso & Vinci sur les arts, avec Robert Estienne sur la typographie, avec Pierre Trinqueau sur l'architecture, il avait le respect d'un capulet de Montaigu devant un recteur de l'Université, & encore qu'il fût disert, facond & bien pensant comme aucun, entretenait-il plutôt ces personnages pour s'instruire que pour leur imposer son avis. D'ailleurs, ce n'était pas son métier, son métier de roi & de chevalier. Il leur laissait le champ libre, acceptait leurs idées fécondes. Il en naissait le collége de France, la chaire de Bourges, l'imprimerie du Clos-Bruneau, les merveilles de la Renaissance & Chambord. Laisser faire aux experts est le grand secret des réussites. L'instinct de conservation, sinon le bon sens, garde les passagers de saisir la barre du gouvernail, & qui n'a pas usé ses chausses sur les bancs de l'école ne saurait prétendre à régenter. De même que personne ne se permet de direction active dans les opérations stratégiques s'il n'est militaire, de confirmation ou d'infirmation des systèmes cosmiques s'il n'est astronome, de même faudrait-il que les artistes décidassent des choses de l'art & eussent l'ordonnance des expressions plastiques, où la plupart du temps ils n'ont guère plus d'accès qu'une villageoise dans un chapitre noble. Le public apprendrait le respect qu'il doit à des connaissances acquises au prix des plus grands efforts. Il ne trancherait pas si aisément en personnage autorisé, sous prétexte que le goût suffit. Le goût, qui est un élément capital de la doctrine artistique, s'apprend, & très-laborieusement encore, quelque dose qu'on estime en tenir de dame Nature, & porter un jugement sur des matières qui réclament tant de savoirs divers n'est vraiment pas chose à faire avec la désinvolture d'un petit-maître, l'aplomb de Turcaret ou le pédantisme de Trissotin.

Voilà ce qu'on ne devrait cesser de répéter à qui de droit; mais il y a trop de gens haut montés sur cravate qui vous lanceraient leur *quos ego*... Allez donc faire admettre à un homme riche, autorisé, lettré, ayant une galerie, qu'il ne sait rien des arts, encore qu'il ait fait des hachures au collége! Autant vaudrait tenter de démontrer à un chef d'atelier qui sait lire, qu'il n'est pas un grand économiste; on y perdrait son latin sans le donner aux autres.

Je suis convaincu que cette intrusion des personnes étrangères à l'art, dans son domaine le plus intime, a eu l'influence la plus fâcheuse sur ses manifestations, & c'est surtout dans les branches les plus modestes que l'effet de cette invasion a pesé de tout le poids meurtrier de la commande. C'est l'amour du fini, du poli, du doré, qui a fourvoyé la porcelaine, notamment dans le petit, le joli, le Louis XV, le soi-disant gracieux. C'est la prolifique influence du mauvais goût, l'amour des niaiseries sentimentales, la recherche du fini pourléché, qui ont enfanté & enfantent chaque jour tant de pauvretés prétentieuses ou triviales.

Mon Dieu! je sais bien qu'on va crier haro! La première fois que Copernic, renouant la chaîne brisée de l'école de Pythagore, osa déclarer nettement que le soleil était le centre du système, il ne souleva pas, j'imagine, une plus formidable clameur que ne ferait un artiste convaincu, mais malavisé, en affirmant que toute la porcelaine décorée depuis deux cents ans ne vaut pas un plat de Castel-Durante; moins dangereux c'eût été de secouer le joug d'Aristote avant le doux Mélanchthon. Il aurait contre lui le clergé, la noblesse & le tiers, presque toutes les dames! C'est une forte partie pour trente artistes & trois amateurs de son avis, & bien qu'une fourmi qui a raison l'emporte sur un monde qui a tort, par saint Valentin, qui guérit de la naïveté, je ne me chargerais pas de le défendre.

Comment se fait-il donc que, pour trouver quelque chose qui soit digne du cabinet d'un véritable amateur, il le faille aller chercher en Chine ou au Japon? C'est que la décoration de la porcelaine est pitoyable & dans une voie tout à fait fausse; & voilà pourquoi la faïence, naguère complétement vaincue par sa rivale, l'emporte maintenant sur elle au point de la déprécier tout à fait. Encore un peu, & la porcelaine sera condamnée à des destinations plutôt utiles que simplement décoratives, laissant ces dernières à la faïence & à l'émail. Cependant, ne soyons pas absolus, elle a des qualités réelles qui la feront rechercher toujours. La pâte en est fine, d'une contexture serrée, égale & pure. Aussi se prête-t-elle aux formes élégantes & aux galbes exquis; sa blancheur semble protester contre les colorations dont on la surcharge, & ce qui reste de vieux saxe montre ce qu'elle gagne à être moins parée. La couleur qui sert à la décorer ne glace pas également; les épaisseurs y sont brillantes, les parties frottées & apposées en couches minces y sont ternes & sans transparence; la peinture ne s'identifie pas avec l'excipient & semble un corps étranger. Tout cela produit sur les personnes qui ont la fibre délicate une impression peu agréable.

Sans doute, un grand artiste, doué de belles conceptions, impressionnerait avec ces tristes moyens; mais de longtemps encore on ne verra ces arts décoratifs & d'utilité qu'entre les mains de personnes inventives ou ingénieuses, entraînées toujours, en raison de l'humilité de leur savoir, à rechercher ce qu'on nomme avec justesse la petite bête. Hélas! la petite bête charme la grande.

Quand comprendra-t-on qu'il faut pour la céramique demeurer dans une fantaisie de haute convention toute décorative? Qu'on renonce à faire des tableaux exécrables, & qu'ainsi que les Orientaux on s'en tienne à de délicieux caprices où le regard se joue avec les gammes harmonieuses & les configurations délicates d'arabesques infinies, avec les circonvolutions de méandres fleuris, avec les spirales d'ornements aux cambrures savantes, avec les chimères des grotesques fantastiques, avec les bosselages des cartouches & les acanthes enroulées aux déflexions multiformes.

La faïence comporte de plus libres allures. La moins grande finesse de l'excipient rejette toute misérable pratique de miniature. La difficulté de peindre sur l'émail cru, — seul procédé qui convienne à la faïence, autrement c'est la traiter en porcelaine, — la prestesse qu'il faut à la touche, obligent le peintre à enlever son œuvre avec un faire hardi & de premier jet, condition qui donne au travail ces qualités précieuses de l'esquisse si difficiles à conserver dans l'œuvre saturée d'études & de recherches. La rareté des émaux colorants fondant au même feu enferme le peintre dans une gamme serrée, où le sentiment obtus de la couleur

& le goût des tonalités roturières ne peuvent l'égarer dans le papillotage & les bigarrures.

Toutes ces difficultés réunies rebutent les maladroits ou les pointilleurs & appellent au contraire les gens habiles, à qui elles offrent l'occasion de traduire en pochades prime-sautières leur touche élégante, facile ou spirituelle. Aussi s'est-il déclaré un mouvement extraordinaire en faveur de la faïence. La critique savante & laborieuse, qui est une des gloires de notre époque & le plus puissant véhicule du progrès intellectuel, cette critique, fille de la méthode dont elle porte heureusement le drapeau en maintenant une analyse scientifique à côté d'une argumentation positive, soit qu'elle touche aux spéculations les plus transcendantes & les plus abstraites, soit qu'elle s'occupe de philosophie, de littérature, d'histoire ou d'art, soit que dans chacune de ces facultés elle élucide les branches en apparence les plus humbles, a évoqué, préparé, encouragé cette renaissance. Puisse-t-elle la maintenir sévèrement dans la bonne voie & les justes limites, invitant les plus forts à y concourir! Il lui sera facile de démontrer que la faïence peut rivaliser avec la porcelaine des Orientaux au point de vue purement décoratif, en même temps qu'elle comporte les expressions du style le plus élevé, telles que sont ces croquis des maîtres & ces libres pochades, manifestations certainement les plus précieuses de l'esprit graphique, apanage exclusif de ceux qui savent, & interdites aux ignorants sous peine du plus grand ridicule.

L'émail des peintres, lui aussi, renaît de ses cendres. C'est justice qu'il tienne sa place en cette résurrection céramique, dont nous ne voyons que les premiers rayons. Mais que ce soit la place d'honneur. Ainsi le commandent sa finesse, la distinction qui lui est inhérente, la nécessité de ne le traiter jamais qu'avec un style élevé, plein de délicates recherches & d'élégances de haut bord.

J'entends qu'il émerge de cette renaissance, ainsi que le plus noble entre les arts du feu, parce que seul il a des applications qui se prêtent aux plus complètes comme aux plus heureuses traductions. Seul il atteint à la hauteur de la peinture d'histoire, réunissant au même degré la science du trait perspectif, le modelé puissant des clairs-obscurs savamment dégradés, la théorie sobre & contenue du bas-relief. Tout cela baigné dans la belle eau des colorations transparentes & infinies, depuis les teintes argentines des couleurs naissantes jusqu'aux tons les plus enflammés du prisme.

Que peut-on imaginer d'aussi favorable aux évocations plastiques d'un ordre supérieur que cet émail d'un blanc de marbre, modelant avec ses albugineuses transparences sur un pigment d'un noir de jais ou d'un sombre azur de saphir quelque forme pure, élégante & svelte, s'élevant à la vie, *candida candidis*, dans un milieu nigrescent de haute fantaisie légèrement égayé d'or? Quoi de plus propre à exprimer cette noble convention, éternel honneur du grand art, & qu'ont exclusivement épousée, bien au delà des clameurs des foules, les mâles esprits gonflés du *mens divinior?*

Où trouver un procédé qui favorise davantage la recherche élevée de la face humaine & la consécration pieuse des traits du visage à la mnémosyne pensive & recueillie?

Où réunir enfin sur une même palette une plus copieuse moisson de couleurs? Blancs de neige, mat harmonieux des ivoires, deuil lustré des ailes du corbeau, noirs fuligineux des ébènes, gris des perles, cendres ardoisées, fraîcheur des lins & des lilas, violets profonds, outremers vibrants, sombres indigos, azur, saphir, béryl, émeraudes & malachite, fauve olivâtre des bronzes ensoleillés, gamme chromatique des feuilles mortes, ambres & citrins, splendeurs des ors, orangés de la flamme ardente, érubescences des cuivres, écarlate cramoisi de la cochenille, douce amaranthe, obscur nacarat, étincelles des vives escarboucles! Que de ressources accumulées! que de moyens réunis sous la main des personnes jalouses de relever un art aussi charmant que puissant, & de rattacher des noms nouveaux à la chaîne brisée des grands émailleurs français, les Pénicaud, les Courteis, les Léonard!

La carrière est vaste; elle est loin d'être encombrée. A de bien rares exceptions près, on peut dire qu'aucun artiste original n'y est encore descendu. Les quelques personnes qui s'y exercent & satisfont tellement quellement l'appétit modéré du public sont généralement des copistes, & par ce seul fait incapables de faire école, soit dit sans porter atteinte à leur mérite.

Pour tout au monde je ne voudrais amoindrir des artistes consciencieux qui, ne se sentant pas une doctrine suffisante pour créer, ont le bon sens de copier les maîtres, ou de demander à des contemporains des types protoplastiques & les paradigmes de l'amitié. Souvent ils calquent & reproduisent ces modèles avec un talent supérieur; mais, outre que le nombre en est restreint, ils ne sauraient sortir des eaux de l'imitation, & c'est à souhaiter de voir surgir des talents originaux qui soient bien eux-mêmes & créent une école moderne.

Loin, bien loin au-dessous de ces honorables artistes, dans les bas-fonds du brocantage, se fabriquent les honteux pastiches. Le vrai talent, nécessaire à la reproduction des belles choses, ne saurait se prostituer à ce trafic. Ses adeptes n'ont d'autre ressource que d'imiter les scories du passé, auxquelles ils ajoutent encore le cachet de leur impuissance. Un maquignonnage raffiné imprime à ces tristes produits le hâle & les cicatrices qui conviennent à des ruines.

Si quelque chose entretient ce misérable commerce, c'est la pédantesque manie de soi-disant amateurs. Ces *virtuosi* du bric-à-brac, qui rejettent *à priori* l'art moderne, ne veulent dans leurs doctes collections que les débris du passé, qu'ils admirent quand même *ore rotundo*. On leur en fait plus qu'ils ne pensent. Puissent-ils, mieux éclairés, comprendre qu'il est de leur intérêt comme de leur honneur de laisser dans la poussière ces exécrables petits produits, & que, si l'on doit préférer les œuvres des anciens à celles des modernes, c'est quand elles leur sont supérieures ou tout au moins égales !

Qu'on le sache bien, à part les œuvres d'un très-petit nombre d'artistes habiles, honorablement & immuablement casées dans les musées ou dans les nobles collections, dont elles ne sortent alors qu'en traversant des prix fabuleux, il n'y a pas d'émaux anciens de quelque valeur. Par-ci par-là une pauvre plaque gothique malencontreusement restaurée, ou bien, plus abondantes mais plus médiocres encore, les productions des fabriques des Nouailher & des Laudun, dont on me permettra bien de ne faire aucun cas, n'en déplaise à ceux qui en ont.

Fasse la Minerve au pavois de cristal que les

hommes supérieurs veuillent s'emparer de cet art charmant, & le placer tout d'abord au rang qu'il doit tenir! Que chacun lui imprime le cachet de son génie propre, mais que, respectant son caractère élevé & conventionnel, dont on ne peut le dépouiller sans le faire déchoir, il le mène bravement à ses destinées.

Et qu'on ne regarde pas aux petites difficultés que comporte sa pratique. Qu'est-ce que les procédés dans les arts élevés? Très-peu de chose. C'est dans la connaissance des lignes, dans une science approfondie & raisonnée des rapports, c'est dans une noble interprétation de la nature, c'est dans le goût exercé, délicat, exquis, sachant élire ou rejeter, c'est dans le sentiment des jeux de la couleur, c'est dans la philosophie des concepts, dans la convenance, dans la justesse, dans l'harmonie, dans l'ordre intelligemment sérié, dans la sensibilité, la passion, la poésie, que gît toute la difficulté d'un art.

Aussi je fais appel aux peintres originaux & autorisés, & je les invite à y répondre. Je voudrais qu'ils s'essayassent à ce corollaire de leur art. Je voudrais que la critique intelligente, instruite & libérale, mît le vent en poupe à cette idée. Je voudrais que le public délicat & curieux la patronnât de sa faveur. De quel prix serait pour nous la libre fantaisie d'un Michel-Ange ou du peintre d'Urbin, fixée à tout jamais, & comme surprise par les ardeurs du feu, dans l'inaltérable pigment de l'émail! Quelle valeur n'attacherions-nous pas à des émaux de ces admirables artistes français, qui forment une école si intéressante & si nationale, & dont les Clouet sont la dernière incarnation! Peut-être s'y sont-ils exercés, & le vandalisme qui fit briser tant d'émaux pour s'approprier le métal a-t-il mis au pilon bien des chefs-d'œuvre. Il en reste une épave, c'est le portrait de Jehan Fouquet, exécuté, dit-on, par lui-même, & qui suffit à établir la légitimité de nos regrets.

Je ne sais vraiment pas ce qui pourrait retenir les contemporains de s'essayer à l'émail, dont la facture est très-large & en même temps si rapide. Ce n'est pas le temps qui leur manque, & d'ailleurs il n'est rien de tel que d'en avoir fort peu pour en trouver toujours. C'est une vérité qui, pour sembler paradoxale, n'en sera pas moins bien comprise des travailleurs.

Ce ne sera pas, j'aime à croire, la crainte de déchoir, attendu que ce ne peut être, je l'ai déjà dit, qu'un des côtés de leur manifestation artistique; car, s'ils ne sont pas rompus à leur métier par une longue étude, s'ils n'ont ni le style, ni l'érudition, ni la facilité que donne une patiente recherche, ils ne parviendront jamais à dépasser ce médiocre niveau où une décadence prolongée a maintenu cet art jusqu'à présent.

Mais tout peintre qui voudra exprimer sa pensée sous cette forme intéressante trouvera dans son talent seul, & cela immédiatement, la force d'y exceller. Qu'il reste peintre & qu'il n'y voie qu'un procédé différent de l'art de peindre. Cela en dépit de la petite perfidie qu'on a de parquer les gens dans une des cases resserrées que leur adjugent *ex professo* des Minos de lettres imperturbables. En effet, eût-on donné les garanties les plus solides d'un double talent, eût-on même emporté le prix d'un double succès, aussitôt on vous mure dans l'un d'eux, & naturellement dans le moindre. Des loups quelque peu clercs prouvent par des harangues qu'il ne faut pas tenter d'en sortir; tous les renards applaudissent, surtout ceux qui ont la queue coupée. *Mos est hominum ut nolunt eumdem in pluribus rebus excellere.* On ne veut pas souffrir ici-bas qu'un homme excelle en plusieurs choses. Que les premiers d'entre cette brave élite d'artistes vaillants, qui feront un jour, en dépit d'Aristarque & de sa docte cabale, parler d'eux plus qu'on ne le pense, s'avisent un beau matin de décorer des faïences, je veux que le roi de France soit plus roturier qu'un manant si le soir même on ne leur écrit : *A Monsieur tel ou tel, faïencier.* C'est un adage cynégétique qu'il ne faut pas courir deux lièvres à la fois, mais il n'est pas interdit de faire coup double si les bêtes vont de compagnie ; autrement ce serait d'une simplicité de novice, sauf respect pour le proverbe.

Ces arts précieux de la céramique, & j'y veux comprendre la verrerie, ont besoin d'être régénérés par les effluves de l'esprit & du savoir. Il sied aux hommes de talent de leur conférer la noblesse. Alors ils rejetteront comme indigne cette tendance qu'ont les médiocrités à les barder de secrets prétendus & à les séquestrer avec une jalousie farouche dans les arcanes de leur étude ; c'est alors que nous verrons disparaître cette vieille haine des concurrents, trop vivace encore, hélas! dans les arts libéraux, qu'elle pollue, & que la gent céramique semble particulièrement avoir héritée de ses ancêtres. Καὶ κεραμεὺς κεραμεῖ κατέει.... le potier hait le potier; triste vérité vieille de trois mille ans.

Le concours d'artistes distingués, savants & habiles, arrachera ces arts aux manœuvres & les soustraira aux influences de l'industriel, des maîtres le feront entrer de plain-pied dans cette noble république intellectuelle qui n'admet que des hommes libres. Alors cette ombrageuse animosité dont parle Hésiode ne déshonorera plus le bourg régénéré du Κεραμεικός. Elle demeurera l'attribut des gueux de l'ostière & tout au plus des artisans illettrés.

Mais l'homme de bonne race tendra libéralement la main à ceux qui voudront marcher dans ses voies, & ne taira pas son secret au compagnon de son voyage. Grâce au temps, les statues de l'Harpocrate grec gisent renversées dans les carrefours, & celles du dieu Moth égyptien dorment enfouies sous les hypogées. Aussi bien, jurer de garder le silence sur les connaissances léguées ou acquises, serait de nos jours blasphème & folie. Mercure & Anubis, l'abîme du Tartare, le fatal nocher, les aboiements du chien Cerbère & du grand dragon Kerkouroborus, toutes les divinités infernales invoquées par les initiés contre les révélateurs de la science sacrée, ne sauraient épouvanter personne. Chacun se doit tout à tous, possédât-il les trois parties de la philosophie universelle, & l'Hermès Trismégiste contemporain n'enfouira plus sa table d'émeraude sous la pyramide de Gizeh.

Pour ma part, j'éprouverais une joie vive & quelque fierté à aider, si peu que ce soit d'ailleurs, à ce mouvement désirable. C'est assurément ce qui me détermine à publier ce petit livre, où j'ai cherché à être simple, voulant être facilement compris. J'espère qu'on ne m'en saura pas mauvais gré.

Il y a un bon modèle à suivre pour ceux qui font des traités, c'est celui de Léonard de Vinci. Ce sublime artiste, la personnification la plus complète du génie de la Renaissance, est là d'une simplicité admirable. Des recettes, voilà ce qu'il donne. J'en sais plus d'un que son livre ferait sourire, n'était le respect qu'impose cette illustre barbe; mais on ne le lit guère, & c'est tant pis. Chez lui, pas d'entortillements à perte de vue sur l'esthétique, pas de théorie transcendante sur le vrai, le beau, le bien; loin de là, cent moyens pratiques pour peindre, dont quatre-vingt-dix semblent puérils aux capables, mais qu'apprécient à leur valeur ceux qui, comme disait le maréchal de Turenne, ont mouché la chandelle avec les doigts.

Ces grands esprits, toujours doublés d'un grand ouvrier, savaient bien qu'on ne transmet guère aux hommes que des moyens pratiques accumulés par les expériences réunies; quant au reste, c'est à leur âme de le faire. C'est au milieu dans lequel il vit, c'est aux exemples, c'est aux enseignements absorbés dans l'enfance, c'est aux doctrines léguées, c'est au tempérament, à la nourriture spéculative, de former dans chacun l'idéal qu'il doit poursuivre. Sa grandeur est le résultat proportionnel d'un heureux concours. Mais il faut à l'appui du savoir pour ainsi dire abstrait les aptitudes concrètes, qui sont toujours au prorata des méthodes. Ces méthodes, qu'elles soient simples! c'était un des secrets de nos anciens.

Je ne terminerai pas sans faire appel à la bienveillance du lecteur indulgent. C'est l'usage, excellent en soi, & cela me donnera l'occasion d'adresser aux fronts moroses cette petite allocution, que le bon & naïf Pierre Belon place à la fin de son livre des Singularités : « *Il n'est homme, parlant de diverses choses, qui puisse si bien dire que les lecteurs sévères, envieux & de mauvais vouloir, ne trouvent à redire & à calomnier. Mais nous prions ceux qui de bon zèle accepteront nostre labeur, qu'ils supportent les fautes, s'il s'en trouvent aucunes.* »

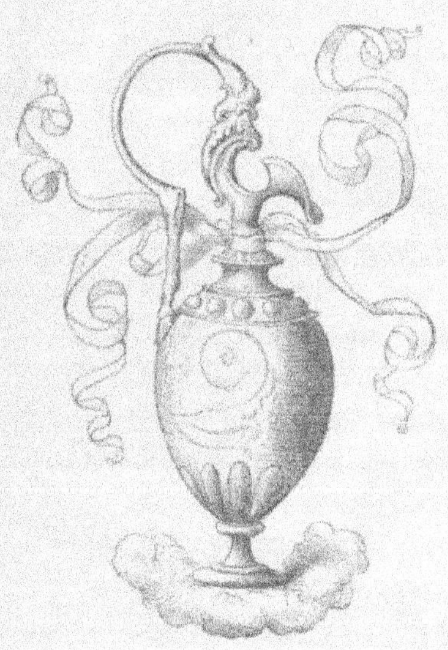

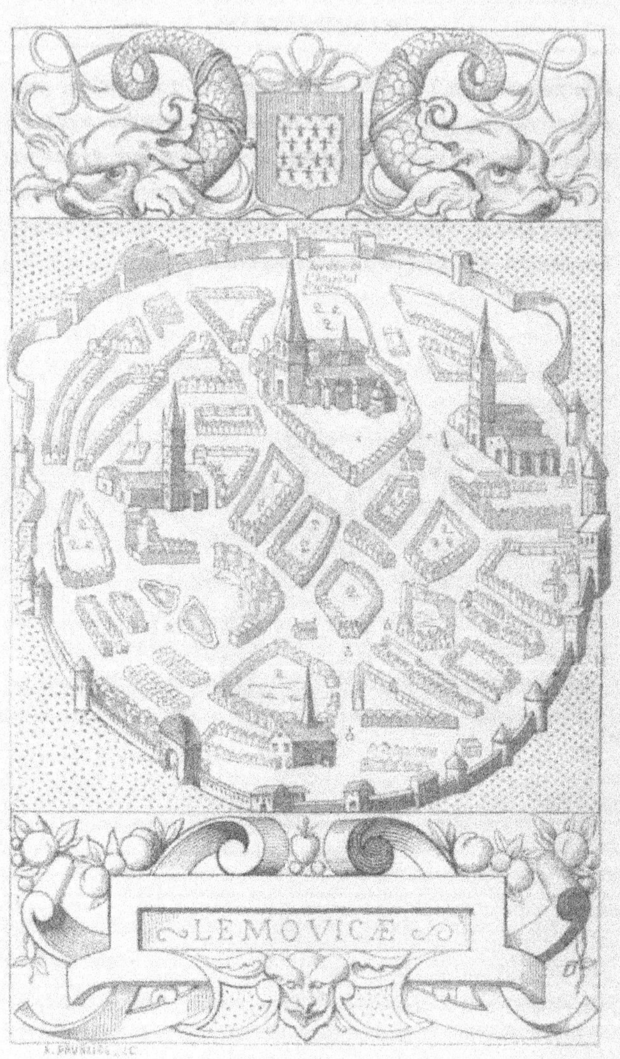
LEMOVICÆ

L'ÉMAIL DES PEINTRES

DE L'ÉMAIL

ET DE SES ORIGINES.

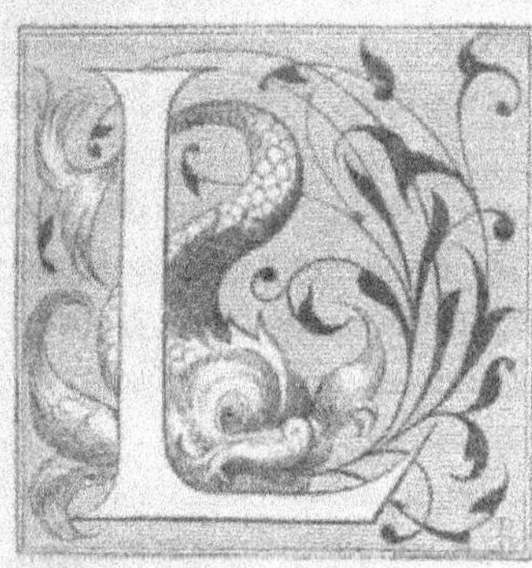

'ÉMAIL est un verre fusible à basse température, composé en général par le mélange de divers borates & silicates. Ce mélange, primitivement incolore, se combine avec la plus grande facilité, sous l'influence d'une opération pyrotechnique, à tous ou presque tous les oxydes métalliques, & acquiert alors, selon la nature de ces oxydes, des colorations variées, éclatantes ou adoucies, franches ou rompues, que l'artiste peut varier à son gré, & qui mettent à sa disposition la palette la plus riche de tons de toutes sortes. On applique l'émail sur la terre, le verre & les métaux, on l'y fixe à l'aide du feu. C'est ce qui constitue, selon l'excipient employé, l'art du peintre faïencier ou porcelainier, l'art du peintre verrier, & l'art de l'émailleur proprement dit. Cette dernière application est la seule dont nous nous occuperons, quelque affinité que les deux autres aient avec elle.

Les origines de l'émail sont aussi obscures que son étymologie. Son nom vient-il de l'allemand *Schmalte*, de *Schmiltan*, *Smelzen*, en langue tudesque; *Smaltan* en anglo-saxon; *Schelzen* en germain, dont le radical *Schmelzen* veut dire fondre? Est-il, suivant une autre filiation, issu de l'italien *Smalto*, en basse latinité *Smaltum*, de *Maltha* (ciment), en Grec μᾶλθα ou μάλθη (cire molle) : *& si dice Smalto anchora quella materia di piu colori, che si mette in si l'orure per adornarle* (la Crusca). Enfin vient-il de l'hébreu *Hashmal*, que saint Jérôme traduit par *Electrum?*

D'ailleurs l'*Electrum* des anciens était-il de l'Émail? Oui, avec les uns; non, avec les autres. Le moine Théophile dans son livre : *Diversarum artium schedula*, aux chapitres LIII et LIV, *de Electris & de poliendo Electro*, semble trancher la difficulté en faveur des premiers; mais il faudrait accorder aux seconds la réplique.

Tu vois, lecteur, qu'avec cette étymologie il y aurait lieu de faire battre entre eux les grammairiens, d'une bataille auprès de laquelle celle des S & des T, dont se rit Lucien le philosophe, ne serait plus qu'un combat d'avant-postes, & la guerre des mots d'André de Salerne, une simple escarmouche de partisans. Mais laissons à la philologie le soin de résoudre ce problème, dont la solution ne nous apporterait qu'un médiocre avantage.

Quant à la naissance de cet art, elle peut, pour le lieu comme pour la date, exercer fortement aussi la sagacité des archéologues. A quelle époque les nations de l'extrême Orient ont-elles appliqué au métal des peintures vitrifiées? Par quelle voie la transmission eût-elle pu s'en faire à notre zone? La haute antiquité occidentale connaissait-elle ce secret, & le collier de Pénélope en fait-il foi? L'Égypte, qui émaillait la terre, possédait-elle l'émaillerie métallique, ou ses cloisonnés ne sont-ils simplement que des encastrements de mastics colorés? Cette terre classique de la chimie, dont le nom se confond avec celui de cette science (*Kem, Kemie,* terre noire), vit naître, à la suite d'un empirisme patient, un grand nombre des procédés de la métallurgie & de la technologie modernes, qu'elle enferma, soigneusement recueillis, dans la science sacrée, la science divine, τὸ θεῖον ἔργον. Si les épaves de son émaillerie métallique sont rares ou contestables, peut-être qu'une recherche attentive découvrirait des vestiges de celle-ci dans les quelques papyrus hiératiques, contenant des recettes chimiques, échappés aux proscriptions de Dioclétien. Il se pourrait qu'une critique perspicace en saisît des indices à travers les contrefaçons grecques qui postérieurement altérèrent les formules des combinaisons & des décompositions chimiques, recueillies dans ces précieux livres égyptiens que la stupide fantaisie d'un tyran anéantit, dit-on, dans les flammes.

Enfin, sommes-nous fondés à croire, d'après le dire de Philostrate rhéteur, de Lesbos, que l'application de l'émail sur métal soit une invention des Celtes, *barbares habitant les bords de l'Océan?* Je pourrais, comme argument déterminant, te mettre ici en beau grec cette citation connue. Elle est dans toutes les notices sur l'émail & les émailleurs. Mais j'ai présentement une tout autre préoccupation que celle de te faire embrasser Vadius.

De l'Émail de Limoges.

Limoges parait être le centre où l'art de l'émaillerie fut le plus tôt & le plus constamment pratiqué. Des critiques de premier ordre affirment que c'est sur les bords du Rhin qu'il s'établit dans notre Occident, introduit qu'il y aurait été par l'impératrice Théophanie. Les Allemands n'en sauraient douter; ils sont orfèvres pour le moins autant que M. Josse. Le caractère byzantin des émaux de Cologne accuse évidemment une origine grecque; mais ceux de Limoges ont le même cachet, modifié toutefois par le milieu. On peut admettre que l'influence de Constantinople s'y dut faire sentir par le fait de ces nombreux marchands vénitiens qui y faisaient le trafic des épices & des étoffes du Levant, & dont une rue de la capitale du Limousin porte encore le nom de nos jours. Aussi bien que les Grecs de Théophanie, ils ont pu apporter cet art du Bosphore, & ce ne serait plus entre les émaux rhénans & ceux de Limoges qu'une question de chronologie, si cependant il n'est pas interdit de croire que l'émaillerie ne cessa jamais d'être en œuvre en cette dernière ville. Le bon saint Éloi, personnage populaire à si juste titre, la connaissait peut-être. Je dis peut-être, car on conteste tout. Ce pieux évêque de Noyon, qui, comme saint Hilaire et quelques prélats des Gaules, avait à cœur de réhabiliter, par son exemple, le travail manuel avili aux yeux des peuples en tant que le lot exclusif de la race servile, avait, si l'on en croit de vieilles traditions, appris la pratique de l'émail à Limoges, chez l'orfèvre Abbon où le plaça son père. La transmit-il à saint Théau, son apprenti? Pourquoi non? Je me complais, pour moi, dans cette croyance inoffensive à tous égards; qu'elle me soit légère auprès des doctes.

Conservons donc jusqu'à nouvel ordre cette patriotique opinion que l'antique *Ratiastum* de Ptolémée ait recueilli & gardé les procédés des *barbares* de Philostrate. Car ses habitants furent toujours : *gens accorts, industrieux, rusés & qui ne vont pas à l'estourdie.* Que la ville des émailleurs qui les premiers fabriquèrent & ornèrent ces châsses, ces ciboires, ces ostensoirs, ces pyxides, ces ampoules, ces navettes à encens, ces chandeliers sacrés, ces calices, ces crosses, ces gamellions, ces autels cloisonnés ou champlevés, soit & demeure pour nous ce Limoges où *il n'y a pas de fainéans, tous travaillent*... ainsi qu'il est dit dans le *Théâtre du monde,* de Jansson.

Étienne VII, abbé de Saint-Martial, le moine Josbert, Josfredus & le frère Guillaume établirent si bien la réputation de l'émail de Limoges, que l'expression *opus lemovicense* désigna partout un travail d'émaillerie, quelle qu'en fût d'ailleurs la provenance. Les abbés de Saint-Martial, le frère Isembert, l'abbé Pierre de Maussac, maître Alpais, Marc de Bridier, Pierre Verrier & tant d'autres dont les noms sont perdus, maintinrent cette réputation locale. La guerre des Anglais fut cause qu'une éclipse partielle vint affaiblir cette vive lueur. La renaissance dont elle fut suivie, renaissance toute française, se rattachant bien plus par le sentiment national à l'époque prospère de saint Louis qu'au grand renouveau italien des règnes de Louis XII & de François Ier, donna un relief capital à cet art. Aux émaux cloisonnés opaques, aux champlevés à pâtes translucides de France, d'Allemagne ou d'Italie, Limoges fit succéder l'émail peint directement sur le métal & recouvert de fondants colorés. Enfin Nardon Pénicaud, appliquant à cet art les ressources plutôt que les procédés du peintre verrier, suscita une pléiade d'hommes habiles, dont quelques-uns sont des maîtres.

Les savants travaux de MM. de Laborde, l'abbé Texier, Maurice Ardant, de Lasteyrie, Jules Labarte, Alfred Darcel, t'initieront, lecteur, à l'histoire de cet art. Nous allons ensemble en poursuivre la pratique, au fait de laquelle ces érudits ne semblent pas être toujours complétement dans leurs écrits. Mais, laissant de côté l'émaillerie incrustée frappée dès le début, par l'influence de Byzance sur le monde de Mérovée & de Pépin, d'un cachet oriental si particulièrement hiératique, abordons notre sujet dans le vif.

C'est maintenant qu'il faut relever tes manches & trancher du bon compagnon.

Des Métaux.

Les métaux dont la fusibilité est moindre que celle de l'émail sont aptes à en être revêtus. Ainsi on peut émailler l'or, le platine, l'argent, le cuivre & le fer. Avec des émaux d'une fusibilité & d'une constitution appropriées à d'autres métaux, on en pourrait recouvrir ces derniers, soit à l'état pur, soit à l'état d'alliage. Encore faut-il que les réactions chimiques produites par les oxydes de l'émail sur le métal ne soient pas telles que l'un ou l'autre en soit altéré.

L'or est de tous les métaux celui qui s'émaille le mieux. En effet, il ne s'opère, quand il est pur, aucune réaction entre lui & le pigment vitrescent, parce qu'aucune oxydation ne se forme à sa surface, soit par le fait de l'élévation de la température, soit par celui des oxydes contenus dans les émaux. L'air n'a d'ailleurs aucune action sur ce métal. L'addition du cuivre ou de l'argent ne nuit pas à la faculté qu'on a de l'émailler, & cette opération, que la karature de l'or soit rouge ou blanche, s'accomplit toujours aussi bien.

Le platine, des métaux connus le moins combustible et le moins fusible, n'est, comme l'or, attaquable qu'à l'eau régale. Il peut être employé pour l'émaillerie. Si nos anciens l'avaient connu, ils en auraient infailliblement fait usage. Mais, bien qu'indiqué en 1557 par J. César Scaliger comme un métal infusible qui se trouvait aux Indes occidentales, & encore que les Espagnols de l'Amérique du Sud le connussent sous le nom de *platina* (petit argent), ce n'est qu'en 1748 que le mathématicien don Antonio de Ulloa le signala. Charles Wood en avait fait la découverte à la Jamaïque sept ou huit ans auparavant; il ne la répandit qu'en 1749. Buffon n'y voulut voir qu'un composé d'or & d'argent. Cortinovis, suivant les mêmes errements, essaya de démontrer, en 1790, qu'il était *l'electrum* des anciens. Enfin Rever, en 1824, pensa, non sans raison, que sous les noms de κασσίτερος & de *plumbum album*, désignant généralement l'étain, les Grecs & les Romains connaissaient le platine extrait de certaines mines d'or.

C'est depuis peu seulement qu'on a pour le fondre & pour le travailler des moyens véritablement pratiques. Ductile au plus haut degré, il ne le cède à cet égard qu'à l'or seul qu'il dépasse en ténacité. C'est le plus réfractaire des métaux connus.

L'argent, plus éclatant que le platine, vient après lui en raison de sa ductilité. Il ne s'oxyde pas par l'action de l'air; il est en revanche très-oxydable par les acides. Il lui faut donc des composés vitreux ou vitrescibles qui ne réagissent pas avec lui. Il en est de même du cuivre, sur lequel nous aurons bientôt à revenir. Mais comme dans l'art auquel nous nous appliquons il s'agit surtout d'exécuter des peintures sur des fonds obscurs, on recouvre ces métaux oxydables d'émaux opaques ou tellement foncés, que la transparence n'est pas assez grande pour laisser apercevoir les effets des oxydes sur le métal.

Quant au fer, les nombreux essais tentés pour l'émailler ont donné sans doute des résultats immédiats très-satisfaisants pour l'industrie ; mais ils n'ont pas offert des garanties suffisantes de solidité pour l'art proprement dit. De beaux travaux ont même été détruits, soit par le détachement, soit par la tressaillure de la couche d'émail, accidents qui ont pour cause l'oxydation de l'excipient.

L'or, le platine & l'argent, par leur prix élevé, conviennent aux orfévres, Le cuivre plus dur que l'or & que l'argent, très-tenace, très-ductile, très-malléable, se laminant en feuilles les plus minces, se pouvant forger à la chaleur rouge, fusible à la température de 788° correspondants aux 27° du pyromètre de Wegwood, est plus accessible à la bourse modeste des artistes, auxquels il permet d'entreprendre des travaux d'une certaine dimension. C'est avec lui que nos devanciers ont fait merveille, nous pouvons nous y tenir.

Du Cuivre.

Il est probable que tout le cuivre employé par les émailleurs du XVIe siècle provenait : soit des mines de Rammelsberg, près de Goslar, en Hanovre, ouvertes depuis 968; soit des mines de Fahlun, en Suède, exploitées dès le règne de Magnus Smeck, en 1347, & où il constitue des amas associés à de l'amphibole & intercalés dans le gneiss; soit de celles de Thuringe, si riches en pyrite cuivreuse, en cuivre sulfuré & en phillipsite.

Vanuccio Beringuccio, noble Siennois, dans son livre de la *Pyrotechnie*, se plaint de ce qu'on n'en extrayait pas en Italie, selon lui, très-riche en minerai : « par aventure plus par faulte d'une pusillani- « mité d'avarice italienne, qui a pouvoir de nous « faire paresseux & tardifs à la résolution de ces « nobles haulx & beaux entreprinses. » En effet les mines de Monte-Catini, en Toscane, donnent de la phillipsite ou cuivre panaché, & l'on trouve en Savoie & dans le Piémont du cuivre pyriteux.

Les mines anglaises ne furent ouvertes qu'à partir de 1561. Exploitées avec profit seulement vers 1689, elles répandirent le cuivre en grande abondance, & l'extension considérable de leurs productions en fit sensiblement baisser le prix.

Bien que le cuivre du commerce contienne des particules de protoxyde de fer, du carbone, de l'antimoine & du plomb, cependant il peut être considéré comme assez pur. Celui qui nous convient est connu sous la désignation de cuivre rosette, ou de rosettes. Ce nom lui vient du métal affiné qui est tout d'abord obtenu sous forme de rosaces, quand on inonde avec de l'eau sa masse en fusion.

C'est en raison de son quasi état de pureté, que nous employons cette qualité. On la vend en feuilles laminées de différentes épaisseurs. Procure-toi ce cuivre extrêmement mince. Il faut néanmoins qu'il soit assez fort pour que les objets que tu veux émailler, plaques ou vases, se maintiennent d'eux-mêmes en leur forme, & surtout pour qu'ils n'entrent pas en fusion avant que l'émail soit glacé. Mais si tu l'employais trop épais, il adviendrait que, le refroidissement du métal & celui de l'émail ne s'opérant pas simultanément, des fissures se formeraient dans ce dernier, outre que tu éprouverais de grandes difficultés pour emboutir ton cuivre.

De l'Emboutissage.

Emboutir, c'est à proprement parler rendre une plaque de métal convexe d'un côté & concave de l'autre, à quelque degré de bombé que ce soit, & quelque forme qu'affecte l'objet que vous façonnez ainsi.

Il est nécessaire d'emboutir, non-seulement les vases & les coupes qui par leur nature ont forcément des galbes plus ou moins sphéroïdaux, mais encore les plaques de métal sur lesquelles vous voulez appliquer l'émail sous forme de tableau. Cette convexité leur donne une solidité qui les empêche de gauchir & de se recroqueviller au feu, inconvénient que, vu leur peu d'épaisseur, elles ne sauraient éviter sans cette précaution.

C'est un art à part que celui du martelage des métaux. Si tu veux t'y exercer & y acquérir une bonne pratique, tu feras œuvre de vaillant artiste. Cela dépendra de tes aptitudes, & beaucoup plus encore de ton courage. Sinon, il ne manque pas, dans les grandes villes surtout, d'habiles planeurs qui exécuteront sur commande, tout ce dont tu pourras avoir besoin. Cependant, pour une misérable petite plaque de cuivre qui te serait immédiatement nécessaire, je ne voudrais pas qu'en présence de ton métal, entre ta bigorne & ton marteau, tu demeurasses béant comme un ours devant un palimpseste. Apprends donc au moins à emboutir un rond, un carré & un ovale.

Pour cela tu te procureras deux ou trois marteaux variant de grosseur entre un & trois centimètres de diamètre. Qu'ils soient en acier, le plat légèrement convexe, gras de forme, c'est-à-dire aux arêtes émoussées, & solidement emmanchés de bois de frêne. Il est bon qu'ils fouettent un peu, ce qui communique aux coups plus de force. Tiens donc les manches amincis des deux tiers de leur longueur du côté du marteau, & que la poignée soit légère & bien à la main.

Il te faut aussi un tas & une bigorne en acier fondu bien poli, qui s'ajustent l'un & l'autre avec précision dans un même billot solide sur sa base & d'une hauteur qui te permette de battre ton métal en demeurant assis. Ces objets doivent être d'une proportion convenable, ni trop grands, ni trop petits. Trop grands, tu ne les manœuvrerais qu'avec peine; trop petits, ils seraient souvent insuffisants. Tu

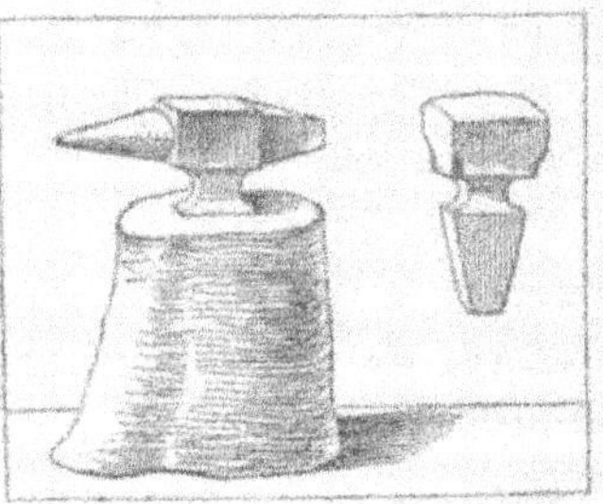

dois en avoir le plus grand soin & les entretenir, ainsi que les marteaux, dans un constant état de propreté.

A l'aide du compas, de la règle & de l'équerre, tu traces sur ta feuille de cuivre les dimensions & les lignes suivant lesquelles tu veux la tailler, & tu la découpes avec de forts ciseaux d'acier, qui, moins épais que des cisailles, se conduisent plus droit dans le métal.

Cela fait, il sera bon de recuire ton cuivre, en le mettant à chauffer dans ton four. Cette précaution détruit le *récroui*, c'est-à-dire l'aplatissement des molécules par le laminage, & lui rend ainsi sa malléabilité & sa ductilité premières. Appliquant ta plaque sur le tas ou sur la bigorne, & la tenant de la main gauche avec laquelle tu la conduis & la présentes dans la direction convenable, tu frappes de la main droite avec ton marteau des coups fermes & assurés, évitant de les donner plusieurs fois de suite au même endroit, &, partant du centre, tu arrives ainsi aux extrémités. Bientôt tu vois ton cuivre affecter une forme concave que tu rends bien égale à coups de marteau, en les administrant circulairement des extrémités au centre, par une spirale serrée & bien décrite. Ici, il y a un tour de main, comme en tout ce qui tient aux métiers; on ne saurait l'enseigner par des théories. Seule, la pratique te le donnera complétement. Si tu m'en crois, tu iras voir travailler un habile planeur, & en quelques minutes son marteau t'en dira plus que toute mon encre, quand j'écrirais sur la

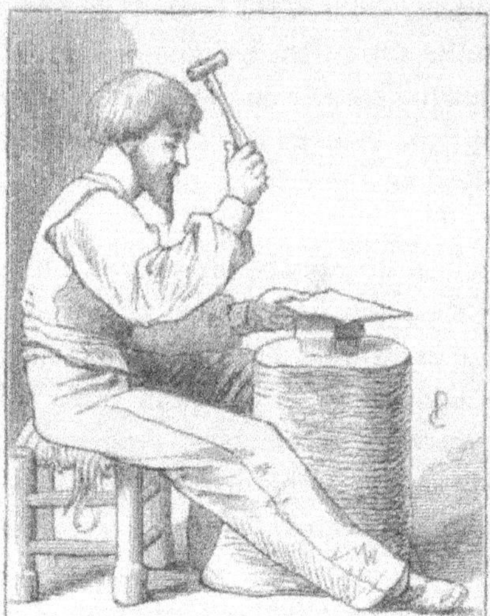

matière trente-six mille cinq cent vingt-cinq volumes, ainsi qu'Hermès Trismégiste fit, au dire de Manéthon, sur les principes universels. N'imprime pas à ton cuivre une convexité par trop grande, mais ce qu'il en faut seulement pour qu'il se soutienne. Ton dessin, sur une surface curviligne, perdrait par une anamorphose désagréable la justesse de ses proportions. Quand ta plaque sera rectangulaire, soigne bien les angles & fais toujours en sorte que les bords soient bien dressés, ce qui sera atteint lorsque, posant ta plaque sur une surface plane, tu les verras y adhérer en tous points.

Je ne t'en dirai pas davantage sur cette matière. C'est à toi de te perfectionner dans cette partie du travail des métaux. Tu apprendras donc d'un maître habile tout ce qui concerne le martelage, le haut & le bas repoussé. Tu façonneras des vases à l'aide de la *ressing*, brave outil tout gaulois qui sert à emboutir des objets où la main ne peut pénétrer. Les Italiens, si habiles d'ailleurs, semblent l'avoir ignoré au temps de Caradosso. Benvenuto Cellini le prit sans doute de nos pères, auxquels il emprunta les petites pratiques que dans ses curieux Mémoires il raconte appartenir aux ciseleurs français.

Adjoins à l'art du repoussé celui de la ciselure. Jamais tu ne grossiras trop ton bagage de savoir. Car, encore que tu ne voulusses pas pratiquer toi-même, serais-tu bien aise d'en pouvoir raisonner pertinemment, s'il t'y fallait diriger les autres & leur faire exécuter à ton gré les conceptions qui te sont personnelles.

Je ne veux pas quitter le chapitre de l'emboutissage sans te dire quelques mots des supports.

Des Supports.

Les supports sont des appareils de tôle, destinés, comme le nom l'indique, à soutenir les objets qu'on met au feu, & à empêcher qu'ils ne s'affaissent sous leur propre poids ou sous celui de l'émail dont ils sont chargés. Les supports des plaques émaillées sont eux-mêmes des plaques exactement embouties suivant la forme de celles de cuivre. Ces appareils jouent un rôle très-important, car le métal, en s'amollissant au feu, épouse exactement, sous la pression de l'émail, le galbe de ces tôles qui, demeurant rigides, redressent ainsi la plaque qu'elles supportent.

L'emboutissage des tôles se fait à chaud, à moins qu'elles n'aient très-peu d'épaisseur. Si les supports étaient d'une certaine étendue, il faudrait les forger positivement sur des mandrins ou dans des matrices de fonte, mais pour de petites plaques l'enclume & le marteau suffisent.

Il est essentiel que tes supports dépassent de quelque peu ta plaque de cuivre, afin que cette dernière ne vienne pas à déborder en se dilatant au feu. Pour les plats, les vases, les coupes & leurs différentes parties, on fait des supports de cent formes diverses, entre lesquelles une des plus usitées est une sorte de couronne antique aux dents très-aiguës, qui ne touchent à l'envers de l'émail que par

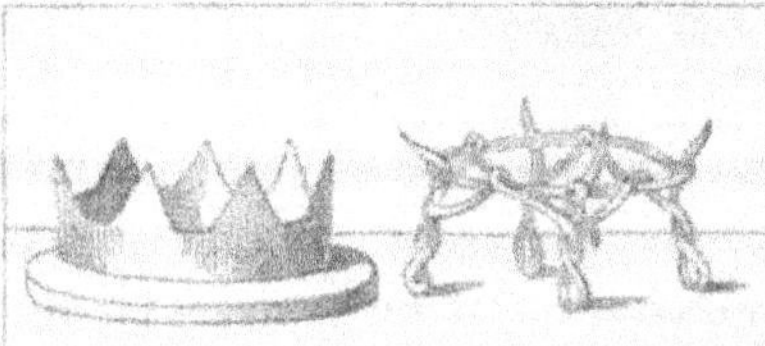

l'extrémité de leur pointe, & l'isolent ainsi de la galette de terre sur laquelle on passe les objets au feu. Du gros fil de fer peut servir également à façonner des supports, lesquels, il est vrai, ne résistent pas à un grand nombre de feux, mais sont très-faciles à renouveler. D'ailleurs la forme des supports peut varier à l'infini, suivant que l'artiste leur demande tel ou tel service, & c'est à chacun de les faire selon le travail qu'il entreprend.

Quand nous en serons au chapitre de la cuisson, je reviendrai sur les supports & sur la manière de les employer. Retournons donc à nos plaques de cuivre qui, étant bien & dûment embouties, ont besoin d'être nettoyées par le décapage.

Du Décapage ou Dérochage.

Avant de recouvrir ton cuivre de sa première couche d'émail, il est indispensable de le dérocher, c'est-à-dire de le débarrasser de l'oxyde qui est à sa surface. L'acide sulfurique attaque énergiquement l'oxyde du cuivre ; il est donc très-avantageux pour décaper ce métal. On obtient l'acide sulfurique par la combustion d'un mélange de nitre & de soufre dans des chambres de plomb. Il est liquide, incolore, d'une apparence oléagineuse.

Celui du commerce doit marquer 66° à l'aréomètre de Baumé. Dans les arts on reconnait sa pureté relative, lorsqu'en en faisant évaporer 50 ou 60 grammes dans une capsule de platine il ne laisse qu'un résidu de cinq millièmes.

C'est avec cet acide, étendu de dix fois son volume d'eau, que tu composeras ta déroche. Garde-toi surtout de la mettre dans des vases qu'elle pourrait attaquer. Le plomb est excellent pour cet usage, ainsi que la gutta-percha. Des vaisseaux de verre offrent quelque danger à cause de leur fragilité; mais la porcelaine, surtout celle de Bayeux qui sert à tous les usages possibles dans les laboratoires, est très-convenable pour recevoir ta déroche.

Tu peux la conserver assez longtemps; il suffit, quand elle est affaiblie, d'y rajouter une petite quantité d'acide. Lorsque ta pièce à décaper est chaude, tu la plonges dans la déroche, & tu vois l'oxyde s'en détacher par écailles. Il ne te reste qu'à l'essuyer soigneusement & à la frotter avec du grès très-fin, ou simplement du papier de verre. Évite de la manier ou de la mettre en contact avec ce qui pourrait la salir ou la graisser. Cela fait, il importe d'entreprendre immédiatement le travail d'émaillerie, sans quoi tes cuivres, s'oxydant derechef, t'obligeraient à procéder à un nouveau décapage. Sachons donc ce que sont les émaux, & voyons sommairement leur composition chimique.

DE LA

COMPOSITION DES ÉMAUX.

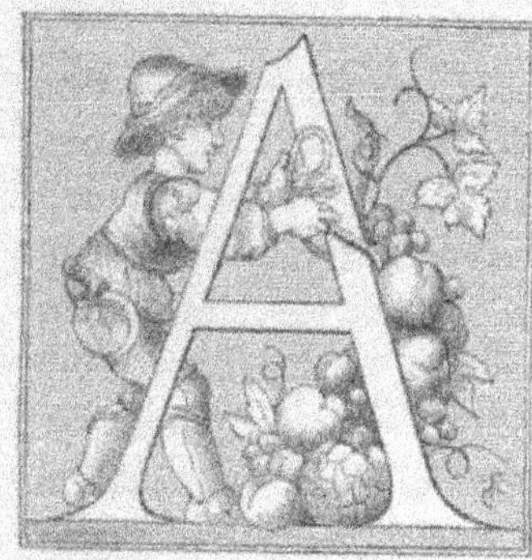

VANT d'aborder le chapitre de l'emploi des émaux, il semblerait important de nous étendre tout au long sur leur constitution chimique. Mais ce petit traité, circonscrit d'ailleurs dans son cadre, ne s'adresse qu'aux artistes. Ce qu'il aspire à tirer de l'oubli, c'est l'art de la peinture en émail, ce n'est pas l'émaillerie au point de vue industriel. Celle-ci n'a jamais cessé d'être pratiquée avec succès par les orfévres, & renferme tous les éléments matériels nécessaires à l'art des Pénicaud & des Jehan

Limosin ; de même qu'on trouve sur l'humble palette d'un peintre d'enseignes tous les ingrédients capables de satisfaire un Véronèse & un Delacroix. Ce n'était pas sans raison que les peintres étaient autrefois à Florence classés dans la corporation des droguistes ; aussi, ces artistes connaissaient-ils admirablement la technique des couleurs. Je t'engage donc, ami lecteur, à t'en instruire suffisamment ; car, si cela importe pour la peinture à l'huile, à plus forte raison pour l'émail, où, abstraction faite de la conservation du travail, le résultat immédiat tient de si près à la perfection des produits.

Je ne voudrais pas que, comme certains amants de la mise en scène, tu te contentasses d'étaler aux yeux ébahis des visiteurs naïfs ou confiants cent flacons emplis de substances mystérieuses, dont tu serais censé composer tes émaux tout simplement achetés chez Nocus, Boudet, Guilbert ou Lévy. Garde que le bout de l'oreille passant d'aventure, quelque maître Martin ne découvre l'artifice & ne ramène au moulin, d'une façon peu congrue, l'âne vêtu de la peau du chimiste.

Mais je voudrais que tu étudiasses sérieusement la chimie des sels vitrifiables & de leur coloration par les oxydes. Non pas que j'exige que tu les fabriques entièrement, ce serait une œuvre superflue, aussi bien que si un peintre entendait faire lui-même ses couleurs. Qu'il se contente seulement de savoir éprouver celles qu'il achète & de les amender au besoin. Personne n'ignore que la peinture moderne périt bien plus par les huiles & les vernis que par les substances colorantes, généralement bien préparées, & que c'est en outre la mauvaise association des couleurs sur la palette qui donne lieu à des réactions chimiques entraînant à leur suite de désastreux effets.

L'artiste bien avisé doit employer ses connaissances à éviter ces inconvénients. Ainsi du peintre émailleur. Il n'y a nulle nécessité qu'il compose lui-même ses émaux. Des fabricants mieux outillés & réunissant des conditions de succès supérieures le dispenseront d'une semblable préoccupation. Mais il doit connaître parfaitement la théorie de leur composition, savoir éprouver leur état de pureté, leur degré de fusibilité, leur aptitude à être fondus ensemble pour obtenir la gamme infinie des tons rompus, dont l'emploi, de tout temps, a distingué l'habile coloriste de l'enlumineur inexpert & sans art.

Point n'est besoin, pour ce faire, d'un grand bagage scientifique. Une étude sérieuse de quelques jours amènera ce résultat. Je ne puis à cet égard entrer ici dans de trop longs détails : ce serait un cours qu'il me faudrait entreprendre & commencer *ab ovo*. Mais je me contenterai d'en toucher quelques mots, en admettant toutefois que tu ne sois pas absolument étranger aux premiers principes de la chimie & que tu aies quelque idée de sa nomenclature, langage convenu qui peut seul donner la clef de cette science ainsi qu'elle est établie. A ces conditions, nous entrons en matière.

L'acide borique forme, avec les bases, des borates, l'acide silicique, des silicates qui se vitrifient à la chaleur & conservent leur transparence après refroidissement. Les émaux ne sont autre chose que des boro-silicates colorés par des oxydes métalliques.

Le borax (borate neutre de soude) est un sel solide, demi-transparent, d'une couleur blanche, d'une saveur alcaline. Il verdit le sirop de violettes & entre en dissolution dans deux fois son poids d'eau bouillante & douze fois son poids d'eau froide.

On le trouve dans le commerce sous deux états : le borax ordinaire prismatique, & le borax octaédrique. Le premier renferme 47,2 pour cent d'eau, le second seulement 30,8 pour cent. Le feu le boursoufle, surtout dans le premier état, le sépare d'abord de son eau de cristallisation, puis enfin, à une température voisine de la chaleur rouge, le liquéfie en un verre visqueux qui se solidifie par refroidissement.

Le verre de borax a la propriété de dissoudre à chaud la plupart des oxydes métalliques, dont il reçoit des colorations diverses, suivant la nature des métaux oxydés & leur degré d'oxydation.

Ainsi, l'oxyde de manganèse le colore en violet ou en bleu, l'oxyde de fer en vert bouteille & en jaune, l'oxyde de cobalt en violet intense, l'oxyde de nickel en vert émeraude clair, l'oxyde de chrome en vert émeraude foncé, l'oxyde d'étain en opale. Les oxydes blancs donnent avec ce sel des vitrifications incolores ou légèrement jaunâtres.

Connu dès la plus haute antiquité, comme l'accuse son nom qui dérive du chaldéen *borak* (blanc), le borax (*chrysocolla* de Dioscoride et de Pline), servait à maint usage, entre autres, comme de nos jours, à la soudure des métaux. Les Indiens, de temps immémorial, l'ont employé à cet usage. Il doit sa propriété de contribuer à la soudure de l'or, comme aussi du cuivre où il est très-employé, à la même propriété qui le rend si précieux pour l'émailleur : celle de dissoudre les oxydes métalliques à la chaleur rouge. Étant données deux surfaces métalliques plus ou moins oxydées par la chaleur, le borax dissout les oxydes formés & présente l'une à l'autre les deux surfaces métalliques bien décapées & à la température où l'adhérence entre un métal solide & un métal fondu peut s'effectuer.

« Outre ce, s'en aident grandement les dames « pour s'embellir : car il rend la peau très-blanche, « très-subtile & très-nette, sans danger d'aucun

« venin, ou endommager les dents ou la charneure, » dit Jean-Jacques Wecker de Bâle, médecin à Colmar, en son livre des *Secrets de nature*, sur la foi d'Alexis Pedemontanus. En effet, le borax est un sel alcalin; il agit tout simplement en nettoyant la peau à la manière du savon, ou, plus exactement, comme ferait une dissolution faible de carbonate de soude.

Les émailleurs de Limoges en faisaient sans aucun doute usage dans la composition de leurs émaux. En tout cas, on ne savait guère à quoi s'en tenir sur sa nature. Il semblerait, par un passage de Cardan, qu'on sût l'obtenir artificiellement : « Ie « retourne à la chrysocolla que maintenant on « appelle le borace. Son gerre est faict par arti« fice, qui coustumierement est composé d'alun en « poudre & de sel ammoniac. Aussi Gallien estime « qu'on le peut faire d'urine d'enfant assidüement « agitée en un mortier quand le signe canicula se « lève. La couleur de celui qui est artificiel est « jaune & splendide. Les orfevres en usent pour « assembler les morceaux de l'or, d'où le nom « chrysocolla lui est imposé. » Cardan, grand compilateur des anciens, a pu voir aussi cette recette urotechnique dans Strabon le géographe : ἐκ τῶν παιδικῶν οὔρων ἡ χρυσόκολλα συνίσταται.

Je pense, vu le peu de confiance que m'inspire cette préparation saugrenue, qu'on n'employait guère que celui venu d'Orient, & dont parle ainsi Alexis le Piémontais, par l'organe de J.-J. Wecker : « Pour donc retourner au vray borax de nostre tems, « on nous amène certains barils plains de quelque « graile, pleine d'aucunes petites pierrettes, laquelle « s'appelle la paste de borax : jusqu'à present on l'a « seulement amené d'Alexandrie. Là où on le fesoit « aussi anciennement, pour tant est ce que les « autheurs arabes anciens, qui ont escrit des choses « mettalliques, ont appelé le borax, nitre alexandrin. « Et depuis peu dans en ça on a commencé en « amener des parties occidentales. Je ne scay toutes « fois si là mesme elle se fait, ou si par aventure « elle y est nouvellement aportée des Indes, « sçachant que nous en estions en peine. Car il y « avoit ces années passées, en Italie, si grand def- « faut, qu'on vendoit pour le moins un escu l'once « de celuy qui estoit reduit en pierre, où maintenant « la livre n'en vaut qu'un escu. »

En effet, tout le borax employé dans les arts provenait anciennement des Indes, de la Chine, de la Perse & plus tard du Pérou. Il arrivait en Europe à l'état brut nommé aussi chrysocolla ou tinkal. C'est ce qu'au Thibet, au dire de Kirwan en ses *Éléments de minéralogie,* on appelait *pounxa, my-poun* & *haui-poun*. Le borax brut était affiné ou refait. C'était un secret connu seulement des Vénitiens, & dont ils étaient fort jaloux. Ils le conservèrent jusqu'à ce que, se répandant en Hollande, il parvint en France à la fin du siècle dernier seulement. Encore, au commencement du nôtre, le savant Klaproth l'ignorait-il.

Bernard Palissy, ce précurseur de la géologie moderne, fut le premier qui le qualifia de sel.

Celui que nous employons aujourd'hui est presque partout obtenu au moyen de l'acide borique de Toscane & de la soude artificielle. En 1777 Hœfer trouva l'acide *boracique* libre dans les eaux de Lagone, Cerchiajo, Castelnuovo. Mascagni le rencontra également près de Sasso, dans le voisinage de Sienne.

La silice (acide silicique), composée d'un atome de silicium & d'un atome d'oxygène, est un corps insipide, inodore, tout à fait incolore dans le cristal de roche. C'est certainement une des substances les plus répandues dans la nature. Tout le sable de la forêt de Fontainebleau n'est, ainsi que son immense amas de roches, que de la silice presque pure. L'améthyste, l'opale, le grès, l'agate, la cornaline, le jaspe, la pierre à fusil, ne sont que de la silice pure ou à peu près ; elle est en outre partie constituante des granites & des porphyres, en un mot on la trouve partout. Les oxydes métalliques lui communiquent ces surprenantes colorations qu'on peut admirer dans toutes nos collections de minéralogie, & surtout dans les beaux & curieux échantillons que possède l'École des mines. Devant de semblables merveilles, on demeure saisi d'admiration pour le sublime artiste qui a créé ces splendides émaux naturels, si purs, si riches, si complétement inaltérables. Certes il convient d'être humble en sa présence, mais comment cependant ne pas s'enorgueillir en pensant qu'il a permis que l'industrie humaine parvint à imiter, quoique de bien loin, ces créations de sa divine alchimie?

On obtient artificiellement la silice, en mêlant une partie de sable siliceux (silex) pulvérisé, avec huit ou dix parties de carbonate de soude; on fond ce mélange en le chauffant au rouge. Le carbonate est décomposé par la silice, qui, s'emparant de sa base, forme un silicate de soude en chassant l'acide carbonique. Ce mélange refroidi & pulvérisé, on le traite par l'eau bouillante qui dissout le silicate; puis, par un excès d'acide chlorydrique qui sature la soude, on précipite l'acide silicique.

L'acide silicique forme avec les bases, des silicates. Ces sels à base de soude, de potasse, de chaux, de magnésie, d'alumine, de manganèse, d'oxyde de fer, d'oxyde de plomb, d'oxyde de zinc, entrent dans la composition des verres & du cristal.

Le silicate le plus réfractaire est celui d'alumine, lequel constitue la pâte des porcelaines les plus dures & des briques qui présentent le plus de résistance aux violentes températures de l'industrie.

Les plus fusibles sont les silicates alcalins, c'est-à-dire ceux à base de potasse ou de soude; & ces silicates eux-mêmes fondent à une température d'autant moins élevée, que la proportion de leur base est plus grande. Ainsi, un silicate alcalin composé d'un équivalent de silice & de trois équivalents de base, fondra au rouge cerise; à parties égales d'acide & d'alcali, le verre sera bien moins fusible; enfin il faudra un violent feu de forge pour mettre en fusion une partie de base & six parties d'acide silicique.

Le silicate de plomb fond aussi très-facilement, & donne un verre blanc très-éclatant : c'est le cristal ordinaire. Une variété particulière de verre plombeux doit à l'intensité de sa réfringence d'être employée en joaillerie : c'est le strass, dont l'éclat ne le cède en rien à celui du diamant. Mais en dehors de ces trois silicates de potasse, de soude & de plomb, tous les autres sont plus ou moins, mais en général très-réfractaires.

Toutefois, si ces silicates isolés résistent ainsi à l'action du feu, il n'en est plus de même quand ils sont réunis & surtout quand ils sont associés aux trois silicates fusibles par excellence; on voit alors le point de fusion du mélange s'abaisser sensiblement, & le verre formé acquérir une ductilité plus grande, en même temps que la propriété de ne pas se gercer par refroidissement.

Les borates obéissent à la même loi ; ceux à base d'alcali sont les plus fusibles ; ceux à base d'oxydes métalliques le sont moins, mais le deviennent facilement par leur mélange avec les premiers. Les silicates & les borates à bases multiples sont donc, chaque genre de sel étant considéré isolément, beaucoup plus fusibles que ceux à base unique ; nous ajoutons encore que ces produits à acides différents ont une extrême tendance à se combiner par fusion. Ils donnent ainsi naissance à des mélanges qui ont été désignés sous le nom de boro-silicates & qui possèdent à un haut degré les qualités recherchées par l'émailleur, c'est-à-dire la transparence, la fusibilité facile, la stabilité au refroidissement, enfin l'aptitude à dissoudre à haute température les oxydes colorés.

Le boro-silicate composé avec des oxydes incolores constitue l'émail transparent incolore qu'on nomme fondant. Par l'addition d'une petite quantité d'oxydes colorés, on lui communique les tons les plus variés. Comme tu le vois, lecteur, les émaux ne sont que des verres, mais des verres applicables sur un métal & réunissant certaines conditions nécessitées par leur emploi.

Ils doivent fondre à une température en général pas trop élevée. On comprend que leur point de fusion doit être notablement inférieur à celui du métal sur lequel on les applique, sans quoi ce dernier se déformerait en se ramollissant par un commencement de fusion, avant que l'émail ne fût complétement fondu.

Adhérer au métal est une condition essentielle de leur durée; ne point réagir sur lui est une condition de leur beauté. Il faut qu'ils demeurent vitrescents & conservent leur transparence après fusion, & qu'ils possèdent une dureté qui leur permette de résister au frottement des corps solides.

Il importe qu'ils soient insolubles dans l'eau, inaltérables à l'air & à l'humidité, inattaquables par les exhalaisons gazeuses répandues dans l'atmosphère. Enfin, condition des plus essentielles, leur faculté de dilatation doit être en rapport avec celle des métaux qu'ils recouvrent, sans quoi la différence existant dans l'extension ou la contraction des deux substances amènerait, par l'opposition de leurs mouvements, des gerçures & des tressaillures qui détruiraient complétement tout travail.

Ces différentes conditions font qu'au lieu de se contenter du premier silicate ou du premier borate venu il faut choisir avec soin, &, par la combinaison de plusieurs de ces sels, corriger les défauts de chacun d'eux & obtenir des qualités nouvelles, résultat de leur action les uns sur les autres.

L'émail doit être très-fusible; mais on ne lui donne cette qualité qu'en introduisant dans sa composition une certaine quantité d'oxydes alcalins, lesquels sont malheureusement très-solubles dans l'eau & par suite le rendent plus ou moins altérable à l'humidité; on peut même dire en thèse générale que l'altérabilité d'un émail à l'air humide est en raison directe de sa richesse en principes alcalins. Pour corriger ce défaut, on doit ajouter dans le mélange soumis à la fusion un ou plusieurs oxydes métalliques insolubles, celui de plomb entre autres, & augmenter autant que possible la proportion de la silice, ou, ce qui revient au même, n'admettre dans la composition de l'émail que la quantité de principes alcalins strictement nécessaire pour obtenir le point de fusion cherché.

De son côté, le borax apporte à l'émail un contingent de fluidité & de malléabilité extrêmement précieux. Il se substitue avantageusement aux sels de potasse & rend les émaux plus fusibles, plus résistants & moins attaquables à l'humidité.

L'oxyde de plomb est d'ordinaire ajouté au fondant sous forme de minium ou mine orange (composé de protoxyde & de deutoxyde de plomb); cet oxyde, sous la double influence de la chaleur & de l'excès d'acide des borates & silicates, est ramené à l'état de protoxyde très-pur & donne alors un cristal d'une transparence parfaite. On a remarqué qu'il communique aux émaux une dilatabilité beaucoup plus grande.

Un peu de nitre (azotate de potasse) remédie à

l'inconvénient qu'ont de se désoxyder au feu quelques oxydes métalliques avec lesquels on veut obtenir la coloration du fondant. Le nitre se réduit par la chaleur à l'état de potasse pure, & par suite donne du silicate ; il y a dès lors dégagement, au sein du mélange fondu, de tout l'oxygène de l'acide azotique, lequel oxygène, rencontrant des métaux ou des sous-oxydes portés à la chaleur rouge, les oxyde de nouveau au sein même du mélange ; les réductions d'oxydes ont lieu d'ordinaire par les vapeurs carbonées du foyer, & le nitre remédie avantageusement à ces réductions.

S'il arrivait que les matières premières continssent quelques parcelles de protoxyde de fer, le verre qui en résulterait prendrait une teinte verdâtre qu'on atténuerait en ajoutant au mélange une faible partie de peroxyde de manganèse. En effet, c'est au protoxyde de fer qu'est due la couleur verte du verre, tandis que le sesquioxyde du même métal le colore en jaune très-clair. De son côté, le sesquioxyde de manganèse au contraire communique à la masse vitreuse une teinte violette, alors que le protoxyde en modifie à peine la coloration. Si donc on ajoute à un verre coloré en vert par le protoxyde de fer une quantité de peroxyde de manganèse suffisante pour transformer ce protoxyde en sesquioxyde, de coloré qu'il était, le verre devient à peu près incolore, & le peroxyde de manganèse, qui seul l'eût teinté en violet, se transforme alors en protoxyde qui n'a pas de vertu colorante. Voilà pourquoi le peroxyde de manganèse, connu des anciens sous le nom de *magnésie noire*, était appelé par eux *savon des verriers*.

Le fondant est la base de tous les émaux. On l'obtient avec trois parties d'acide silicique, une partie de borate de soude, trois parties de minium, une partie de nitre. Ces doses peuvent & doivent être modifiées selon qu'on veut avoir un fondant plus ou moins fusible.

Pour colorer le fondant, il faut, comme nous l'avons déjà dit, le combiner avec une petite partie d'oxydes métalliques. C'est ce dont je vais te donner une indication sommaire.

Coloration des émaux.

L'oxyde de cobalt colore les émaux en bleu, l'oxyde de chrome en vert, l'oxyde de cuivre en rouge & en vert, l'oxyde de manganèse en violet, l'oxyde & le chlorure d'argent en jaune, le pourpre de Cassius en rouge pourpré.

Émail bleu.

(De 1 à 2 parties d'oxyde de cobalt, pour 10 parties de fondant.)

Le cobalt donne lieu à deux oxydes : le protoxyde & le peroxyde. Le protoxyde de cobalt est composé, à l'état anhydre, d'un atome de cobalt & d'un atome d'oxygène. Il s'obtient en décomposant par la chaleur, à l'abri de l'air, du carbonate de cobalt, dans une cornue remplie d'acide carbonique. Ce protoxyde à l'état de silicate est propre à colorer les émaux en bleu.

Le peroxyde ou sesquioxyde de cobalt, composé de deux atomes de cobalt & de trois atomes d'oxygène, peut s'obtenir en chauffant modérément du protoxyde au contact de l'air. Entre autres procédés, on l'obtient encore en faisant passer un courant de chlore dans de l'eau tenant en suspension du carbonate ou de l'hydrate de protoxyde de cobalt. Le chlorure de cobalt à l'état soluble se forme aussitôt, en même temps qu'un dépôt de peroxyde hydraté qu'on rend anhydre en le chauffant.

Il sert comme le protoxyde à colorer les émaux en bleu, ramené qu'il est d'ailleurs par la chaleur, sous l'influence des fondants, en protoxyde de cobalt.

Émail vert.

(De 1 à 2 parties d'oxyde de chrome, pour 6 parties de fondant.)

L'oxyde de chrome (sesquioxyde), formé de deux atomes de chrome & de trois atomes d'oxygène, s'obtient en décomposant par la chaleur le chromate de mercure. On obtient ce chromate lui-même, en précipitant le chromate de potasse par un sel de mercure; le précipité bien lavé & séché, puis chauffé au rouge faible dans une cornue ou un creuset, abandonne tout son oxygène à l'état de gaz, tout son mercure sous forme métallique, & finalement il reste dans le vase opératoire une poudre d'un vert intense : c'est l'oxyde de chrome.

On peut encore le préparer en mettant le feu à un mélange de soufre & de chromate de potasse; le soufre brûle à l'aide de l'oxygène du sel : on obtient d'une part du sulfate de potasse, & de l'autre de l'oxyde de chrome, que l'on sépare du sulfate par des lavages à l'eau bouillante.

Du reste, quel que soit le mode de préparation, l'oxyde de chrome est toujours d'un beau vert foncé, & communique aux fondants la même coloration.

On obtient un ton vert bouteille en introduisant dans le fondant une certaine quantité de protoxyde de fer.

Émail vert marin.

(De 1 à 2 parties de deutoxyde de cuivre, pour 30 parties de fondant.)

Le cuivre combiné à l'oxygène forme trois combinaisons, dont deux, le protoxyde & le deutoxyde, colorent les émaux. Le protoxyde leur communique la couleur rouge : nous y reviendrons.

Le deutoxyde de cuivre est formé d'un atome de cuivre & d'un atome d'oxygène. On l'obtient en décomposant par la chaleur, du nitrate de cuivre. Combiné avec la silice qui est dans le fondant, il forme un silicate de cuivre d'un beau vert d'aigue-marine plus ou moins intense.

Émail violet.

(De 1 à 2 parties de peroxyde de manganèse, pour 30 parties de fondant.)

Le manganèse a la plus grande tendance à se combiner avec l'oxygène; aussi le trouve-t-on presque toujours dans la nature à l'état d'oxyde, dont le plus oxygéné est le peroxyde de manganèse.

Le peroxyde de manganèse est formé d'un atome de manganèse & de deux atomes d'oxygène; on le trouve sous la forme d'aiguilles qui ont un éclat métallique & tachent les doigts en noir. Il est rare qu'on le rencontre pur; aussi faut-il, entre autres procédés pour l'obtenir tel, le traiter par le double de son poids d'acide nitrique étendu d'eau. Bien lavé & séché, il est propre à colorer l'émail en violet.

Émail jaune.

(De 1 à 2 parties de chlorure d'argent, pour 6 parties de fondant.)

Le chlorure d'argent, composé d'un atome d'argent & de deux atomes de chlore, s'obtient en faisant dissoudre de l'argent dans de l'acide nitrique; étendant d'eau distillée la solution nitrique d'argent, & y ajoutant ensuite un excès de solution de chlorure de sodium ou sel marin, il se forme un nitrate de soude retenu dans la dissolution, & le chlorure d'argent est précipité.

Ce chlorure colore les fondants en jaune.

L'oxyde d'argent formé d'un atome d'argent &

d'un atome d'oxygène peut transmettre aux émaux la coloration jaune, en ayant soin toutefois de le réunir, dans le mélange soumis à la fusion, à des oxydes qui lui donnent de la stabilité, tels que les protoxydes de plomb & de cuivre.

Émail rouge.

(De 1 à 2 parties de pourpre de Cassius, pour 12 parties de fondant.)

Le pourpre de Cassius est un précipité de sel d'or découvert par André Cassius, médecin de Slesvig, qui exerçait à Hambourg dans la seconde moitié du XVIIe siècle.

Si l'on dissout de l'étain en grenaille par de l'acide chlorhydrique à une douce chaleur, on forme un protochlorure d'étain. On fait deux parts de cette dissolution & l'on convertit l'une d'elles en deutochlorure, par un courant de chlore; puis on réunit ces deux parties, pour former une liqueur d'étain qu'on étend au moins de mille fois son poids d'eau.

On fait ensuite dissoudre de l'or dans une eau régale composée d'une partie d'acide nitrique & de quatre parties d'acide chlorhydrique, & si l'on verse goutte à goutte cette dissolution dans la liqueur d'étain susdite, celle-ci se colore en rouge vineux par la formation d'un stannate d'or en suspension, qui se précipite bientôt sous l'apparence d'une abondante gelée d'un pourpre magnifique.

On recueille ce précipité, on le lave sur un filtre avec de l'eau distillée & on l'emploie à l'état sec avec le fondant, auquel un dixième seulement de ce pourpre communique une coloration très-intense.

Ce produit doit se dissoudre dans l'ammoniaque. C'est à la fois une manière de l'éprouver & de le conserver. Il suffit, pour l'employer ainsi, d'en humecter le fondant pulvérisé & de broyer le tout sur une glace, en tenant compte de l'augmentation de volume causée par l'ammoniaque.

Émail rouge de cuivre.

Le protoxyde de cuivre formé de deux atomes de cuivre & d'un atome d'oxygène s'obtient par la décomposition du protochlorure de cuivre par la potasse bouillante. C'est un oxyde d'un rouge vif qui, ajouté au fondant, lui donne une couleur très-intense; d'ordinaire on ne prépare pas d'avance cet oxyde & on se borne à le produire dans la composition même du fondant, en y ajoutant du sulfate de cuivre & du protoxyde de fer.

Ces cinq colorations principales, en bleu, vert, violet, jaune & rouge, suffisent pour obtenir une gamme de tons très-variés. Une augmentation du fondant leur donne plus de transparence & par conséquent moins d'intensité. Quiconque a quelque peu l'habitude des modifications de la couleur par les mélanges saura combiner ces différents émaux, de façon à produire des colorations plus foncées ou plus claires, en même temps que des tons rompus, & se faire ainsi une palette riche à souhait pour peindre à sa fantaisie.

En combinant avec des émaux colorés qui sont translucides du stannate de plomb, on produit des émaux opaques peu employés dans notre art, qui consiste principalement à exécuter avec l'émail blanc sur des fonds obscurs des grisailles colorées ensuite par la superposition d'émaux qui laissent transparaître le modelé du travail.

Émail blanc.

L'oxyde d'étain, introduit dans les fondants, a la propriété de les rendre opaques & de les teinter en blanc. Cet oxyde joue le rôle d'un véritable acide, en s'emparant des bases pour former des sels : aussi le nomme-t-on acide stannique. Il faut, avant de l'introduire dans le fondant, le combiner avec l'oxyde de plomb.

On fond ensemble une partie d'étain & cinq parties de plomb ; on chauffe à 3 ou 400 degrés l'alliage produit : bientôt, sous l'influence de cette température & de l'oxygène ambiant, le bain d'alliage se couvre d'une poussière grise formée par la combinaison des deux oxydes. On enlève la couche de stannate de plomb qui parait à la surface, au fur & à mesure qu'elle se forme. Quand tout l'alliage est transformé en oxyde, on chauffe de nouveau celui-ci pour parfaire l'oxydation, & l'on jette le tout dans l'eau, pour séparer la petite quantité de métal qui n'aurait pas été oxydée. Ce mélange d'oxydes était autrefois désigné sous le nom de *potée d'étain*.

On remplace par ce stannate de plomb le minium qui est dans le fondant, & on produit ainsi un émail opaque entièrement blanc. Une adjonction excessivement faible d'oxydes colorants donne à ce blanc les tons variés qui lui enlèvent de sa crudité ou de sa froideur.

Émail noir.

L'émail noir ne s'obtient pas autrement qu'en combinant de l'oxyde de cuivre, de l'oxyde de cobalt

& de l'oxyde de manganèse avec le fondant. Selon les doses, on a du noir violacé, bleuâtre ou très-intense. Il va sans dire que toutes ces combinaisons s'obtiennent au feu. C'est là que s'applique dans toute sa rigueur le vieil axiome de philosophie hermétique : *Corpora non agunt nisi soluta.*

On fond ces compositions dans des creusets couverts, & quand la combinaison est intime, on étonne la fonte, c'est-à-dire qu'on la verse dans un bassin d'eau froide. Le refroidissement est immédiat, & l'émail se trouve extrêmement divisé, ce qui le rend très-facile à pulvériser. Une précaution indispensable, c'est d'affecter un creuset à chaque couleur. Une épreuve excellente à laquelle tu feras bien de soumettre tes émaux, c'est celle de l'eau bouillante ; s'ils ne s'altèrent pas après l'avoir subie, c'est que les principes alcalins y sont contenus en proportion, telle, que l'humidité ne peut les endommager & que leur dilatabilité par chaleur accidentelle ne saurait leur nuire. En les maintenant une heure dans la glace, on obtient une contre-épreuve en faveur de leur contractilité, qui décide en dernier ressort de leur excellente qualité. Ces deux expériences placent ainsi ton œuvre dans les conditions extrêmes auxquelles les influences atmosphériques pourraient la soumettre pendant sa durée.

Avant d'en terminer avec cet aperçu très-succinct sur la composition & la coloration des émaux, je crois, lecteur, que tu tiendras pour agréable, si je t'entretiens en quelques mots des procédés des anciens. Nous ferons donc un petit voyage dans la nécropole des alchimistes. C'est à ceux qui revêtirent le tablier de peau de daim que nous aurons affaire, & non à ces alambiqueurs de théories vides, qui remplaçaient l'expérience par les signes magiques & les symboles astronomiques.

Des Émaux anciens.

Les progrès de la chimie nous ont donné d'excellents moyens pour fabriquer des couleurs vitrifiées ou vitrifiables. Ce n'est donc pas de ce côté qu'il faut chercher les causes de la supériorité de nos devanciers. Ils ignoraient, ou à peu près, l'emploi des dissolutions d'or; aussi ne trouve-t-on jamais que du protoxyde de cuivre dans l'analyse des anciens vitraux rouges, & celle des émaux de la même couleur donnerait probablement le même résultat. Ils n'avaient d'ailleurs aucune idée théorique des différents degrés d'oxydation des métaux, & leurs recettes, résultat d'un empirisme perpétuel, étaient transmises avec quelque jalousie à de rares adeptes. Le peu qui transpirait au dehors était incomplet; aussi, les recettes données par les écrivains du XVIe siècle ne réussissent-elles presque jamais, si on veut les prendre au pied de la lettre. Il fallait que chacun, alors, par une suite patiente d'épreuves & sans partir de principes certains, se fît une palette dont la divulgation eût semblé le *nec plus ultra* du sacrifice : tenir à cette époque le *livre des secrets* d'un homme, c'était lui mettre la dague sur la gorge, & l'on comprend que le vieil Angelo Beroviero de Venise, qui s'était laissé dérober le sien par le Ballerino son apprenti, ne put moins faire, en guise de rançon, que de donner à ce rusé boiteux sa fille, la belle Marietta.

Ce n'est pas d'aujourd'hui qu'on fait des imitations de pierres précieuses. Les anciens, Pline en rend témoignage, contrefaisaient l'émeraude & le rubis, en incorporant du cuivre & du fer dans une masse vitreuse. Grecs & Romains d'ailleurs n'étaient que les héritiers de l'art sacré des Égyptiens, & les philosophes hermétiques ne sont pas sortis des données antiques. Plus d'un chercheur d'or nous a laissé des recettes pour fabriquer les pierres artificielles. Vincent de Beauvais, véritable encyclopédiste du XVe siècle, raconte, in *Speculo naturali*, qu'une prose rimée d'Adam de Saint-Victor, chantée de son temps dans les églises, attribuait, entre autres arts, à saint Jean l'évangéliste, celui de faire des pierres précieuses. Les anciens, qui donnaient aux substances des noms basés sur leur aspect extérieur, tenaient pour de véritables gemmes les verres colorés par les oxydes métalliques. Cette illusion ne pouvait être détruite que par l'art de la décomposition des corps, l'analyse chimique en un mot, laquelle par l'emploi des acides minéraux, véritables dissolvants des métaux, pouvait seule donner le dernier mot sur ces analogies ou ces différences.

C'est ainsi qu'Olympiodore, philosophe hermétique, donne la manière de faire l'émeraude : « Prends, dit-il, deux onces de beau cristal & demi-« once de cuivre calciné (χαλκοῦ κεκαυμένου), broie dans « un mortier & fais fondre à une température « égale (ἴσῳ πυρί). »

Saint Thomas d'Aquin (*de Esse & Essentia mineralium*) dit qu'on fait l'émeraude avec la poudre verte d'airain (carbonate de cuivre), & le rubis avec du safran de fer (peroxyde).

Paul de Canotanto, in toto libro *Practicae*, s'exprime ainsi : « Veux-tu avoir une émeraude, mets-y « du vert-de-cuivre, *apponas viride aes ;* si un saphir, « emploie assez de lapis-lazuli ; si une hyacinthe vio-« lette, plus ou moins de la susdite pierre ; si une « chrysolithe, prends de l'arsenic ; si une topaze, un « peu moins de ce dernier. »

On rencontre fréquemment de ces sortes de recettes dans les *magistères* des alchimistes.

Les verriers Vénitiens, très-habiles à teindre le

verre, furent naturellement amenés à en tailler des morceaux qui imitaient à s'y méprendre les pierres précieuses naturelles. Ces pierres fausses remplacèrent avec avantage, entre les mains des orfévres déloyaux, ces doublets de cristal destinés aux paysans, dont parle Benvenuto Cellini, & même ces pierres *adultérées* avec lesquelles un certain Zecolino, Milanais, se fit une fâcheuse réputation. Je ne sais si c'est lui qui, au dire de Ferrantus Imperatus, vendit un doublet 9,000 ducats (près de 90,000 fr.). Les Italiens abusèrent quelque peu de ces supercheries. Cardan, en son VIIe livre *de la Subtilité*, intitulé *des Pierreries*, s'exprime ainsi à ce sujet : « Quand i'escrivois ces matières, un debat estoit « d'une marguerite qu'un lapidaire avoit acheptée « soixante & huit escus, qui estoit faicte d'une co- « quille : le prix de l'estimation estoit de deux « cens escus. Ils esperoient tromper les Allemans « & les François, pour ce qu'ils ne sont de tant « grand entendement, ne de tant grande fallace que « les autres : car ils les estiment estre barbares, « veu que vrayment nous sommes les plus bar- « bares : car, c'est chose plus barbare & aliene « d'humanité de tromper, que d'estre trompé & « deceu. »

Quelques polygraphes de cette époque révélèrent les secrets de cette fabrication. Cardan en donne plusieurs recettes en son livre *de la Subtilité*

& subtiles inventions; J.-B. Porta dans sa *Magie naturelle;* Antoine Mizauld, Alexis Piémontais, & J.-J. Wecker, leur compilateur, indiquent les moyens de produire des pierres fausses de toutes couleurs. Blaise de Vigenère introduit dans ses commentaires des *Tableaux* de Philostrate tout un petit traité de l'émaillerie, reproduit à peu près par René François en son curieux *Essay des merveilles de nature & des plus nobles artifices.* Enfin, l'art de la verrerie du Florentin Antoine Neri nous initie à de nombreux secrets pour fabriquer & teindre le verre, ainsi que pour imiter les pierres précieuses, secrets qu'on retrouve présentés dans d'Arclay de Montamy & Haudicquer de Blancourt.

On comprend que les émailleurs de Limoges, généralement peintres verriers habiles, ne firent que transporter sur le métal les ressources de leur premier art.

De la Composition des émaux anciens.

La salicorne, nommée encore salsol, soda ou soude, herbe kali, alkali, l'anthillis de Dioscoride, est une plante marine dont les cendres soumises à la lixiviation donnent par l'évaporation naissance à un sel blanc. Ce sel était encore blanchi par l'adjonction à la lessive d'une certaine quantité de tartre rouge calciné seulement au noir, c'est-à-dire jusqu'à carbonisation du tartre, sans attendre l'incinération complète. Cela sur la foi de Neri qui l'avance, car on ne voit guère comment du carbonate de potasse pouvait blanchir le sel retiré des salsolées. Ce tartre, la *grepola* des Italiens, était de la lie de vin brûlée. On employait de préférence la lie du vin rouge. Piccolpassi, potier de Castel-Durante, qui vivait en 1545, indique dans ses *Trois livres de l'Art du vasier,* dont j'ai donné une traduction, la manière d'opérer cette calcination.

Les cendres de la soude se nommaient roquette, en italien *rochetta*. La roquette de Syrie, qui venait de Saint-Jean-d'Acre & de Tripoli (Asie), par voie d'Alexandrie & de Venise, était de beaucoup la plus estimée. La soude d'Espagne avait son prix, mais elle avait l'inconvénient de communiquer au verre une couleur bleuâtre. La barilla est le nom donné à la *salsola sativa* (Linné) dont la cendre fournit la meilleure soude d'Alicante.

En calcinant le sel extrait de la roquette avec du tarse pulvérisé, dans le four nommé carcaise (*carcaria*) par Agricola, on obtenait une substance vitreuse appelée fritte, *fritta,* sans doute l'*ammonitrum* de Pline. C'était la matière dont étaient fabriqués tout verre & tout cristal, que plusieurs calcinations amenaient à un plus grand état de pureté. La *magnésie* (manganèse), que Cardan nomme la *sydérée*, était employée, comme de nos jours, à blanchir le verre, excepté dans certains cas où cette *magnésie*, pour nous servir du vieux terme, nuisait aux colorations.

Le tarse est une pierre siliceuse : en général toute pierre à fusil était réputée bonne à faire le verre. Les verriers de Murano employaient les cailloux du Tessin. On trouvait le tarse en abondance dans la vallée de l'Arno, au pied des montagnes de Pise, à Sarravese, Massa, Carrara. Ce tarse, avant d'être mêlé à la roquette, devait être pilé très-fin dans des mortiers de fer, & soigneusement tamisé. Plus de tarse rendait le verre plus dur, plus de roquette le faisait plus fusible. C'est ce même principe émis plus haut : que la fusibilité d'un verre croît avec l'augmentation des bases & diminue avec celle de l'acide.

La fritte obtenue, blanchie par la *magnésie*, étonnée, c'est-à-dire jetée toute rouge dans de l'eau froide, & calcinée à plusieurs reprises, était recueillie dans des bocaux à l'abri de l'humidité. Car, en tant que sel alcalin, elle est naturellement soluble dans l'eau. Cela semblerait indiquer qu'il n'était pas possible de l'étonner à la manière ordinaire; mais il y a là une contradiction qui n'est évidemment qu'apparente; à la rigueur, on pouvait, en refroidissant la matière, en perdre un peu dans l'eau & conserver la plus grande partie.

En fondant cette fritte avec du plomb calciné ou chaux de plomb (minium), on obtenait un fondant apte à recevoir la coloration.

Il ressort d'une foule de recettes, qu'on employait quelquefois le cristal de roche (silice pure cristallisée), pour imiter les pierres précieuses. Ce corps infusible était rougi au feu, puis éteint dans une lessive de cendres additionnée d'une solution de tartre rouge. Cette opération, assez mal définie d'ailleurs, aurait besoin d'être expérimentée pour être garantie.

Examinons maintenant les colorations, adoptant l'ordre que nous avons suivi ci-dessus.

De la Coloration des émaux anciens.

Les anciens, ainsi que nous, ne pouvaient colorer les émaux que par les oxydes métalliques, puisque ce sont les seules couleurs capables de résister au feu. Ils les obtenaient par la calcination pure & simple des métaux, ou par leur exposition à l'air, ce qui leur donnait les oxydes de fer, de plomb, de cuivre & d'étain. Ils y joignaient quelques acétates produits par la décomposition du métal dans le vinaigre. Ils les employaient probablement, sans se rendre compte au juste de leur nature & sans une idée bien précise du phénomène chimique auquel ils doivent & donnent naissance. C'étaient pour eux des cendres fixes, *cineres fixi;* toutefois, ils sentaient qu'il y avait quelque chose d'ajouté au métal : *spiritus unitur corpori,* l'esprit s'unit avec la matière, ainsi que s'exprime Eck de Sulzbach. C'est un pressentiment de l'oxygène.

Émail bleu.

Le cobalt se trouve le plus souvent, dans le règne minéral, combiné au soufre & à l'arsenic ; il forme alors un minerai parfaitement cristallisé connu sous le nom de cobalt gris. Son gisement le plus abondant est à Tunaberg, en Sudermanie.

Les minerais de cobalt ont été employés depuis longtemps pour colorer le verre en bleu. Le vitrier saxon Christophe Schürer, qui passe pour les avoir employés le premier, en 1540, fit fondre avec le verre les minerais de cobalt de Schneeberg. Ce produit, qui valait jusqu'à 150 livres le quintal, se vendait aux Hollandais, qui parvinrent à le fabriquer plus économiquement.

Le métal lui-même fut découvert seulement en 1733, par le chimiste suédois Brandt. Son nom vient des cobales, mauvais génies des mines, appelés ainsi par les Grecs (Κόβαλος, *vafer, maleficus, blaterator, loquax, adulator*). C'était, au moyen âge, des esprits follets paraissant dans les mines en habits d'ouvriers, hauts de deux à trois pieds, assez bons diables d'ailleurs, & ne faisant pas mauvais ménage avec les mineurs qu'ils singeaient dans leurs travaux.

Le seul oxyde de cobalt qu'aient connu les anciens était le safre, en italien *saffera* (saphir). Ce produit, encore employé aujourd'hui, se prépare en grillant au contact de l'air & à une chaleur rouge l'arsénico-sulfure de cobalt, de façon à en éliminer la plus grande partie du soufre & de l'arsenic. Le résidu de ce grillage contient de l'oxyde de cobalt, de la silice en poudre fine & enfin du minerai non décomposé, le tout constituant un mélange de composition variable, suivant le plus ou moins de soin apporté au grillage du minerai.

Les anciens le croyaient un composé de cuivre, de sable & de pierre calaminaire (carbonate de zinc): opinion qu'exprime, entre autres, Anselme de Boëce de Boot, médecin de l'empereur Rodolphe II. C'est au cuivre qu'ils attribuaient sa propriété de colorer le verre en bleu. En effet, la fameuse fritte d'Alexandrie, produite par la fusion de la soude avec l'oxyde de cuivre, donnait un bleu imité à Pouzzoles, bleu qu'on retrouve d'ailleurs dans la fresque célèbre connue sous le nom de Noce aldobrandine, et qui fait songer, en l'expliquant, à l'expression de ciel d'airain (*æs*, cuivre) par laquelle les anciens désignaient le ciel bleu.

Les Italiens tiraient le safre de Venise; ce safre, fondu avec du sable & de la potasse, formait un verre bleu très-intense qu'on appelait *smalt*. C'est le *zaffloër* des Hollandais. Incorporée au fondant, cette substance le colorait en bleu.

Émail vert marin.

Les Grecs & les Romains connaissaient l'oxyde de cuivre sous le nom d'écailles (λέπιδες, *squamæ*); on en fabriquait à Chypre. Ils confondaient entre eux sous le nom d'*ærugo*, ἰός, le sulfate & l'acétate de cuivre, ainsi que le carbonate (*ærugo* de Rhodes).

L'*æs ustum* ou cuivre brûlé portait encore le nom de ferret, à cause de sa ressemblance avec le fer calciné ou safran de Mars (oxyde de fer). Le ferret d'Espagne était le plus estimé. Les Italiens nommaient *ramina di tre cotte*, cuivre de trois cuites, notre deutoxyde de cuivre. Suivant Porta, une drachme de cuivre calciné, sur une livre de verre, donnait une imitation de saphir.

Les anciens ne connaissaient pas le zinc, métal isolé, & employé surtout à une époque assez récente. Toutefois la fabrication du pompholyx (*lana philosophica*) & de la spode, qui ne sont que de l'oxyde de zinc, était pratiquée par les Grecs & les Romains. Leur aurichalque est du laiton ou cuivre laiteux.

Ce fut Paracelse qui donna au zinc son vrai nom (*das Zinchen*, de *Zinn* étain); mais il ignorait sans doute qu'on pût l'extraire de la calamine ou cadmie employée à faire du laiton dont il y avait, dès le XIVe siècle, des fabriques à Paris & à Cologne.

Au milieu du XVIe siècle, Erasmus Ebener démontra que la cadmie des fourneaux était, comme la cadmie naturelle, bonne à faire le laiton; il en fonda même une fabrique près de Goslar.

Cet alliage calciné donnait une très-belle couleur d'aigue-marine. Le clinquant ou oripeau (*tremolante* ou *orpello* des Italiens) servait également à cette préparation. Là, comme dans les couleurs vertes du cuivre, il fallait éviter de mêler de la *magnésie* (manganèse) à la fritte.

Émail vert.

Le safran de Mars ou *crocus Martis* (oxyde de fer) servait à produire une coloration du verre de plomb, variant du jaune verdâtre au vert bouteille; mélangé avec le verre bleu du cuivre calciné, il produisait du vert émeraude ou du vert-pré plus ou moins éclatant.

C'est seulement en 1797 que Vauquelin, analysant le plomb spathique de Sibérie, y reconnut la présence d'un acide nouveau qu'il réduisit en métal, en le chauffant fortement dans un creuset brasqué de charbon : c'était le chrome, inconnu totalement de nos devanciers.

Émail violet.

Les anciens considéraient le manganèse comme une espèce d'aimant; aussi le nommaient-ils *magnésie*, du latin *magnes* (aimant). C'est l'*alabandicus* de Pline. Ce nom de *magnes* vient lui-même du berger Magnès qui découvrit l'aimant sur le mont Ida.

Il ne faut pas confondre cette *magnésie* avec la

substance que nous nommons ainsi aujourd'hui, & qui est de l'oxyde de magnésium, corps inconnu des anciens.

Au commencement de ce siècle, le chimiste anglais Davy, analysant deux fragments d'un vase pourpre romain, y trouva de l'oxyde de manganèse.

Jusqu'au minéralogiste Pott (1740), on le prenait pour un minerai de fer. Césalpin lui reconnaît la propriété *d'attirer la liqueur du verre*, comme l'aimant attire le fer, & J. César Scaliger déclare, dans ses *Exercitationes in Cardanum*, que la *magnésie*, contenant une substance ferrugineuse, ne peut souffrir le feu, emportant avec elle les impuretés du verre, comme la lessive emporte celles du linge.

Si l'on veut connaître la transition de cette théorie primitive à la théorie moderne du blanchiment du verre par le peroxyde de manganèse, la voici telle qu'elle ressort de l'explication donnée de ce phénomène par Didier d'Arclay, seigneur de Montamy, premier maître d'hôtel du duc d'Orléans (de 1703 à 1765) : « Lorsque la manganèse est mise « dans la composition du verre en trop grande « quantité, elle y produit une couleur pourpre ; « mais la couleur pourpre est un mélange du rouge « & du bleu ; c'est donc du rouge & du bleu que « l'on met dans le verre en y mettant de la man- « ganèse ; ce bleu & ce rouge, se mêlant avec le « jaune qui était déjà dans le verre, y occasionnent

« un noir, c'est-à-dire, une destruction de cou-
« leurs. »

On croyait que la propriété de colorer le verre en rouge vineux & en violet bleuâtre était communiquée à la *magnésie noire* (peroxyde de manganèse) par le fer, dont quelques préparations donnent en effet des couleurs semblables.

Pour obtenir un beau violet, on ajoutait à la *magnésie* une petite quantité de smalt bleu, qui est, comme tu le sais, un verre coloré par l'oxyde de cobalt. C'est ce que nous faisons encore aujourd'hui.

Émail jaune.

Le tartre des tonneaux, ce que les Italiens entendaient par *grumme dei botti*, pilé très-fin & tamisé, incorporé avec une certaine quantité de magnésie, donnait au verre une couleur jaune ayant l'aspect de l'or; mais cet émail ne pouvait s'appliquer directement sur le métal. Voilà encore une recette qui semble bien incomplète. Le tartre des tonneaux est du bitartrate de potasse, sel organique se réduisant par calcination à l'état de carbonate de potasse; on faisait donc par ce procédé un verre plus ou moins potassique, lequel n'avait pas grande raison d'être jaune. Mais respect aux anciens.

Le fer & l'antimoine (*stibium*) servaient encore à obtenir des colorations jaunes. Libavius décrit le verre jaune d'antimoine, obtenu par de la chaux d'antimoine fondu avec du nitre & de la limaille de fer. Césalpin donne à peu près la même formule.

Enfin, l'argent corné ou lune cornée (chlorure d'argent) produisait le ton paillé. Cette lune cornée se trouvait à l'état natif dans plusieurs mines d'argent en Europe, & dans celles du Potosi. La haute antiquité connaissait ce produit qu'on obtenait dans l'affinage de l'or, mais on le rejetait, comme une substance inutile, sous l'aspect & le nom d'une masse pierreuse & vitrifiée.

Émail rouge.

Il semble que les anciens ignorassent l'emploi des dissolutions d'or. La découverte du pourpre de Cassius ne date, comme nous l'avons vu, que de la fin du XVIIe siècle. J.-C. Orschall, inspecteur des mines du prince de Hesse, publia un peu plus tard le *Sol sine veste* (or nu), ou trente expériences sur la couleur pourprée tirée de l'or.

Cependant Blaise de Vigenère, qui mourut fort âgé à la fin du XVIe siècle, donne à entendre qu'on connaissait le secret de faire un rouge admirable avec l'or, secret trouvé & perdu, dit-il de son temps. « Mais ce qu'on appelle le rouge clair, qui est si rare « maintenant & cogneu de tant peu de gens, il ne « se fera pas sans or... » Plus loin, il ajoute : « Les « anciens ne l'ont pas cogneu, & fut trouvé il n'y « a pas longtemps fortuitement (ainsi presque que « la plus part de tous autres tels artifices) par un « orfevre qui se delectoit d'alchymie & cherchoit à « faire de l'or, au lieu duquel il trouva au fond du « creuset une lope vitrifiée de couleur d'un rubis « fort plaisant à l'œil. Mais s'est perdu depuis : il « est bien malaisé de redresser maintenant, car les « princes & grands seigneurs ne veulent rien de- « pendre après ces belles & rares inventions. Ce « qui fait que les arts & sciences, qui par quelque « temps s'estoient resveillés, se vont de nouveau « rendormir en un profond somme d'airain : voire, « se rendre dans le sepulchre par de longues revo- « lutions de siecles. Car nous touchons desia du « doigt à l'ignorance & barbarie, & n'y a pas guere « grande esperance que la posterité puisse suivre « ne continuer les erres trassées par ses peres. »

Basile Valentin, bénédictin d'Erfurt suivant les uns, personnage anonyme suivant d'autres, un des plus remarquables entre tous les alchimistes & qui vivait au XVe siècle, donne dans son *Haliographia* la préparation de l'or fulminant, & dans son traité allemand *de la Révelation d'artifices secrets* on trouve l'intéressante recette de son élixir rouge : « Dissolvez dans de l'eau régale, préparée avec de « l'eau-forte & du sel ammoniac, de la limaille « d'or : vous évaporerez cette dissolution jusqu'à « ce qu'elle ait la consistance d'une huile, & vous « la laisserez cristalliser. Les cristaux formés doi- « vent être dissous dans l'eau, & il faut agiter la « liqueur avec du mercure. Celui-ci s'empare de « l'or, & des couleurs admirables apparaissent. « L'amalgame s'amasse au fond, & la liqueur « s'éclaircit. Calcinez cet amalgame dans une « capsule, jusqu'à ce qu'il se change en une poudre « rouge. Cette poudre, qui se dissout dans du « vinaigre distillé, donne une belle couleur rouge de « rubis. »

Le rouge d'émail se faisait avec du cuivre calciné (protoxyde de cuivre) & de la limaille de fer qui se changeait en safran de Mars (sesquioxyde de fer) : c'était donc un émail semblable à peu près à celui que nous faisons aujourd'hui.

On trouve encore dans Basile Valentin le mariage de Mars (fer) & Vénus (cuivre). La limaille de fer & de cuivre est dissoute dans de l'huile de vitriol (acide sulfurique) ; on mélange les deux dissolutions qu'on laisse cristalliser. Mars & Vénus se trouvent conjoints ; en calcinant ce vitriol, on a la poudre d'écarlate.

Émail blanc.

Pierre le physicien, en sa *Margarita pretiosa,* fait mention le premier de l'engobe de poterie composé avec du plomb & de l'étain calcinés ensemble : « *Videmus, quod cum plumbum & stannum fuerunt calcinata & combusta, quod post ignem congruum convertuntur in vitrum, sicut faciunt qui vitrificant vasa figula.* » Cette *Margarita pretiosa,* ou perle précieuse, fut composée, au dire de l'auteur lui-même, dans la ville de Pola de la province d'Istrie, en 1330. Voilà l'émail stannifère dont quelques personnes attribuent la découverte à Lucca della Robbia, émail qui semble connu longtemps même avant Pierre de Lombardie, ainsi qu'il ressort de ces mots cités ci-dessus : « *Sicut faciunt qui vitrificant vasa figula.* »

Pour obtenir l'émail blanc, nos devanciers combinaient donc le cristallin ou fondant avec une chaux métallique de deux parties de plomb & d'une d'étain, calcinées ensemble au four à réverbère.

En faisant une chaux d'antimoine avec de l'antimoine cru & du nitre, & en le mêlant au verre, on avait un émail très-blanc, propre à prendre toutes sortes de colorations.

Basile Valentin, qui, dans son traité intitulé *Currus triumphalis antimonii*, considère cette substance comme une des sept merveilles du monde, connaissait le verre d'antimoine, ainsi que les différents oxydes de ce corps.

Émail noir.

Des fragments de verre coloré, auxquels on joignait de la *magnésie*, du safre & de l'*æs ustum*, donnaient un beau noir d'émail pour enduire les métaux & servir de fond aux peintures : procédé que nous employons encore.

Voilà, lecteur, tout ce que j'avais à te dire touchant les vitrifications & les moyens de les colorer. J'aurais pu m'étendre davantage sur la chimie des émaux & te décrire minutieusement les opérations diverses que réunit leur fabrication ; mais, je le répète, ce n'est pas ici qu'un cours sur cette matière trouverait place. Je me contente d'indiquer en substance ce que c'est que l'émail, & mon but est d'en donner une idée juste plutôt qu'étendue. Il est temps d'aborder la description des différentes pratiques de l'émaillerie. Cependant, comme nous ne saurions avancer sans avoir besoin des fours, nous ferons sagement de nous occuper de ces appareils & d'en décrire la construction & l'usage.

DES FOURS

ET DE LEUR CONSTRUCTION

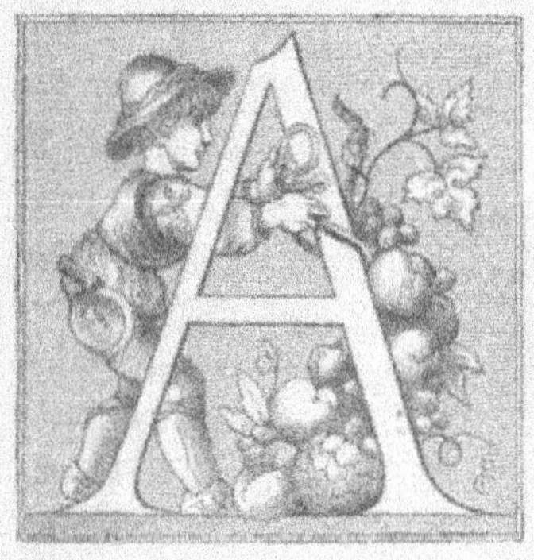

AMI lecteur, la bonne construction & le parfait aménagement des fours sont d'un intérêt capital pour l'art de l'émaillerie. Ceux qu'emploient les orféyres sont d'ailleurs très-convenables aux artistes, & l'on peut s'en procurer chez la plupart des potiers. Seulement, ces fours moulés en terre réfractaire ne sauraient atteindre une certaine dimension : c'est pourquoi faut-il savoir en édifier de brique ; mais je veux préalablement te décrire le four en terre, qui, du reste, est fabriqué d'après les mêmes principes que ceux qui président à la construction des fours en brique.

Il se compose de trois parties principales, indépendantes & superposées, qui sont : le *laboratoire*, le *dôme* ou *coupole* & la *cheminée*.

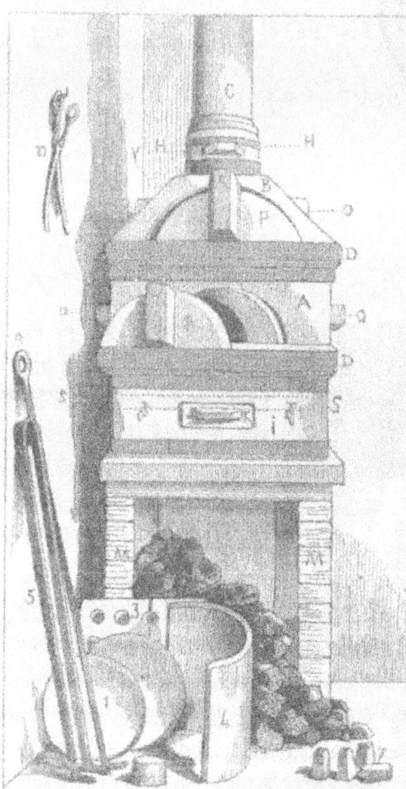

Le *laboratoire* (A) est un vaisseau rectangulaire ayant une ouverture semi-circulaire sur la face antérieure. La base de cette ouverture mesure les trois cinquièmes de la longueur totale du four. Une porte (P), également en terre, est garnie perpendiculairement, par le milieu, d'un appendice saillant (R) en guise de poignée. Une tablette horizontale (D), large de quelques centimètres & nommée communément *barette de la moufle*, règne dans toute la largeur du *laboratoire*, immédiatement sous la base de l'ouverture dite *porte de la moufle*. Elle sert à poser debout la porte de terre, quand on veut déboucher l'ouverture. La partie inférieure du *laboratoire* se nomme *cendrier* (I), ce qui indique assez son usage. Une ouverture, fermée par un bouchon mobile (K), sert à nettoyer le *cendrier*, comme aussi à régler le tirage. Une *grille* (3) de terre, généralement en deux parties & perforée comme une écumoire, s'applique à l'intérieur du four, immédiatement au-dessus du *cendrier*. Elle est supportée par deux barres de fer qui traversent ce dernier aux points *xx*.

Une *moufle* (4), sorte de demi-cylindre sans base, avec un seul fond légèrement échancré, se place sur la *grille*, dans le *laboratoire*, soutenue par des *pieds* (7), petits trapézoïdes allongés qu'on dispose debout à égale distance les uns des autres : un léger sillon tracé sur leur sommet reçoit les bords de la *moufle*.

L'ouverture de cette *moufle* doit joindre exactement la porte du four qui lui emprunte sa dénomination, & sa profondeur ne doit pas égaler celle du *laboratoire*, en sorte qu'il reste un espace égal entre les parois intérieures de celui-ci & la *moufle*. Un petit cylindre de terre réfractaire, vulgairement nommé *fromage* (8), se place au milieu de la grille, sous la *moufle*. Aux parois latérales du four, entre la *grille* & la base du *cendrier*, deux ventouses circulaires déterminent un courant d'air atmosphérique favorable à la combustion. La *coupole du dôme* (B) est, à proprement parler, une toiture trapézoïdale sans base & perforée au sommet. Elle s'applique exactement sur le *laboratoire* & s'y maintient par juxtaposition. Ainsi que ce dernier, elle a une ouverture dite *porte du foyer* (P' R' Y') affectant exactement la même forme & fermant par le même système. Elle est cependant un peu plus grande pour qu'on puisse y introduire la *moufle*, qu'on passe de la main droite, tandis qu'avec la gauche, par l'ouverture du *laboratoire*, on la dirige & on l'assied sur les *pieds* disposés aux bords de la *grille* pour la supporter. Cette partie du four est également munie d'une tablette qui sert au même usage que celle de la *moufle* & qu'on nomme *bavette du foyer* (D').

L'une & l'autre de ces deux grandes parties du four possèdent deux appendices latéraux nommés oreilles (O O O' O') & qui servent à les transporter. Au sommet de la *coupole*, autour de l'ouverture supérieure, est une saillie légère avec laquelle s'emboîte la *cheminée*.

Cette troisième partie de l'appareil (C) est tout simplement un tuyau de terre, légèrement renflé par le bas ; là, une ouverture (H') donne passage à une palette de terre ou *registre* (H) qu'on pousse ou qu'on retire, pour modifier le tirage en plus ou en moins.

Voilà ton four complet : fais-le poser sur une maçonnerie de brique (M M), afin d'élever la *porte du foyer* à la hauteur de ton regard, & prends soin d'en continuer le tuyau avec de la tôle dans quelque cheminée ou au dehors, de crainte que le gaz acide carbonique ne mette en quelques instants du désarroi dans l'opération en asphyxiant l'opérateur.

Je ne terminerai pas cette description du four à réverbère, sans te dire quelques mots d'instruments ou d'objets que j'ai groupés autour de lui.

Le *ringard* (9) est une barre de fer plus ou moins longue terminée par un crochet. Les *pinces* (5), également de différentes dimensions, te sont représentées ici fidèlement. Le *relève-moustache* (10) est un outil qui ressemble assez à un fer à friser, seulement ses branches sont plates. Il sert à saisir les *galettes* pour les entrer dans le four ou les en tirer.

Tu connais déjà la *moufle* (4.4), les *pieds* (7), la *grille* (3) & le *fromage* (8). Examine les *galettes* (1.2) de formes différentes, sortes de plaques très-minces en terre réfractaire, sur lesquelles tu poses l'émail que tu veux cuire. On pourrait les remplacer par des feuilles de tôle perforées ou non, mais elles sont sujettes à travailler au feu. Seulement, comme les *galettes* peuvent se rompre dans le four & livrer ton émail aux flammes de l'enfer, il est prudent, quand elles sont de grande dimension, de les soutenir sur une mince plaque de tôle qui pare à cet accident.

Si tu entreprends des travaux d'une dimension hors ligne, des coupes, des vases, des bassins, ce dont je te louerai fort, car il fait bon être vaillant & la fortune aide à l'audace, le four en terre ne te suffira plus. Au delà d'une certaine mesure, on ne saurait en fabriquer. Tu devras donc penser à t'en faire un de brique.

Pour ce four, mieux encore que pour le premier, car il est à demeure, choisis bien ton emplacement. Qu'il soit à couvert, abrité des courants d'air qui pourraient, pendant qu'on cuit de l'émail, y jeter des poussières nuisibles & modifier l'action du feu. Qu'il y ait assez de reculée au-devant de la façade, pour que tu puisses opérer à l'aise & ne pas trop te roussir la moustache. Cela fait, procure-toi de bonnes briques apyres, autrement dites réfractaires, &, les jointoyant avec de la terre à four, bâtis-toi incontinent un édifice qui, pour être élevé tout d'une pièce, réunisse cependant les différentes parties ci-dessus décrites.

Je t'engage à lui donner de telles proportions, qu'il ne te mette pas dans la nécessité, soit d'abandonner des travaux parce qu'il n'y pourrait suffire, soit d'en construire un autre, en admettant que tu aies de la place de reste & de l'argent de trop.

Avise que la porte de la moufle soit à une hauteur qui te permette de bien voir se parfondre

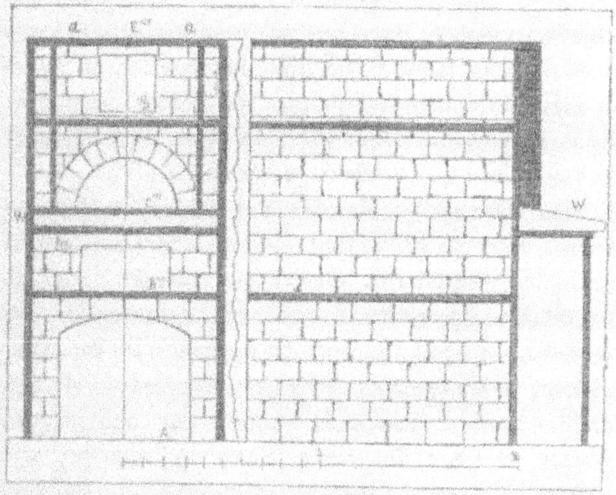

les émaux, & qui te rende faciles les manipulations de la cuisson.

Ce four ne comporte ni *oreilles* ni *bavettes*, les premières n'étant bonnes qu'à remuer ou à transporter l'appareil, les secondes ne servant qu'à déposer les portes mobiles du *foyer* ou de la *moufle*, ainsi qu'à déposer quelques petits émaux pour les faire sécher. Mais, dans toute la largeur du grand four à demeure, un peu plus haut que la base, à l'ouverture du *laboratoire*, tu feras bien d'établir sur des colonnettes de fonte reliées par des barres de fer une épaisse & large plaque de terre réfractaire (W') qui te servira de tablette pour poser les objets à cuire & les recevoir quand tu les défourneras. Cette plaque doit aller légèrement en pente & arriver doucement un peu au-dessus de la base de la *porte de la moufle* (W), de manière à affleurer la superficie du charbon qui garnit la grille.

Un four ainsi construit peut durer très-longtemps sans se détériorer. Il faut toutefois l'entretenir soigneusement. Quant aux *moufles*, pour un semblable appareil, il faut les commander sur mesure, en avoir toujours de rechange en cas d'accident, & les tenir dans un état complet de siccité. On les assied dans le *laboratoire* sur des briques plutôt que sur des *pieds*. Sous le *cendrier*, une voûte (A''') sert à remiser la quantité de charbon nécessaire à une ou deux opérations.

Comme la grandeur des ouvertures ne permettrait pas d'avoir des portes qui fussent maniables si elles étaient postiches, tu les feras à charnières ou à coulisses, avec un contre-poids, solidement établies en feuilles de tôle épaisse, doublées à l'intérieur d'une forte plaque de terre réfractaire maintenue par des boulons, & percées de deux trous qui, lorsqu'elles sont fermées, te laissent voir le dedans du four.

Je t'ai donné la coupe & l'élévation de cet appareil, afin que tu comprennes *de visu* & que tu puisses, sur ce renseignement très-complet, faire

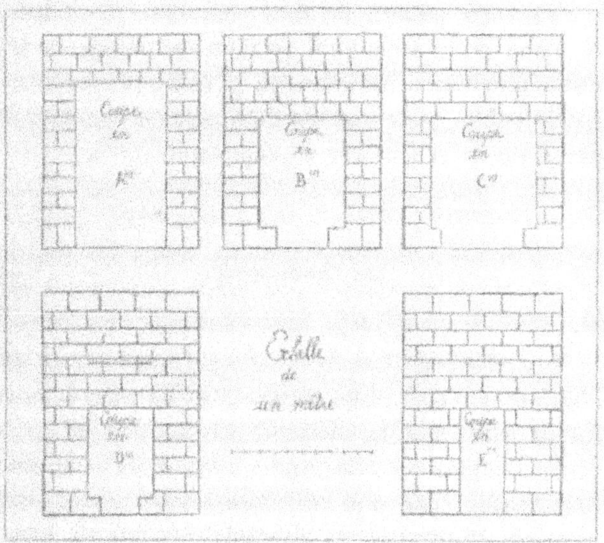

élever un semblable four par le premier fumiste qui te tombera sous la main, &, si tu le préfères ou que tu ne puisses pas faire autrement, de tes propres bras de bon compagnon.

Pour consolider cet appareil, tu feras sagement de le garnir d'armatures en fer. Quant à celui de de terre, des rubans de tôle suffiront. Sur les planches, tu peux voir la disposition de ces armatures, qu'il ne t'est pas interdit de modifier, si ton génie particulier te fournit quelque arrangement préférable.

Te voilà pourvu de four; munis-toi d'un balai & d'une pelle à main : il ne faut pas dédaigner les petits serviteurs. Maintenant, je vais t'entretenir du combustible, pour que ton équipage en bon état te permette enfin d'entrer en campagne.

Du Combustible.

Les anciens cuisaient leurs émaux avec du charbon de bois. Les résultats qu'ils ont obtenus disent assez que la méthode est bonne. Ils ignoraient l'emploi du coke, qui n'est que de la houille débarrassée, par une calcination particulière, des matières sulfureuses & bitumineuses qui s'y trouvent toujours renfermées. Depuis les premières patentes accordées en Angleterre, au commencement du XVIIIe siècle, à Strutevant, Ravenson & Dudley, jusqu'aux épurations récentes auxquelles on soumet le coke, tu peux croire qu'on n'a travaillé que pour toi. Fais-en ton profit & chauffe ton four avec ce produit, qui exige toutefois un choix particulier.

Le coke provenant des cornues à gaz ne convient que médiocrement; il dégage du soufre qui pourrait nuire à l'opération, & laisse des résidus qui encrasseraient infailliblement ta *moufle* & l'intérieur de ton four. Cette infériorité lui vient de ce qu'il est fabriqué avec des houilles pulvérulentes, contenant des schistes, lesquelles produisent beaucoup de cendres & plusieurs matières hétérogènes.

Il faut de toute préférence employer celui qui s'obtient dans des fours à coke, provenant d'une houille de bonne qualité, & destiné à la fabrication du fer ou à la fonte des métaux. Si cette qualité supérieure te manquait & que tu ne puisses t'en procurer, il va sans dire que tu accepterais l'autre avec les inconvénients qu'elle comporte, à moins que, comme nos anciens, tu n'emploies le charbon de bois, encore qu'il ne soit pas économique. Si tu l'adoptes pour chauffer ton four, choisis avant tout celui de chêne, comme provenant d'un bois plus dense & plus dur. Il dégage plus de calorique que celui des autres essences. Le charbon de charme vient après.

Ami lecteur, dusses-tu chauffer ton four avec tes hardes, si tu aimes ton art, tu le pratiqueras. Et à ce propos je suis assez de l'avis d'un vieux peintre qui, alors que ses élèves s'excusaient auprès de lui de ne pouvoir travailler par insuffisance de logement ou de lumière, répondait infailliblement par ce sage aphorisme : « Quand on aime la peinture on en ferait dans une cave. »

De la Préparation des fours.

En suivant de point en point les préceptes que je t'ai donnés à propos de la construction des fours, tu posséderas un bon appareil. Tu n'auras plus, pour solidifier tes émaux par la cuisson, qu'à observer avec la même attention les règles que je vais déduire par le menu.

Ne crois pas qu'elles soient de petite importance, encore que quelques-unes te puissent sembler futiles. Ce serait une folle imagination, mon ami, & qui nuirait singulièrement à la bonne réussite de ton entreprise; car, comme dit judicieusement le philosophe Rhasès, autrement Mohammed Abou-Behr-Ibn-Zacaria-Razi, qui fut en son temps la lumière du Khorazan : il n'y a qu'une bonne préparation pour bien préparer quelque chose.

Et d'abord, ton four doit être net au dedans comme au dehors, soigneusement purgé des cendres & scories des cuissons précédentes. Si tu m'en crois, étends à la chambre tout entière cette propreté très-essentielle. Tu brises ton coke en morceaux de 3 à 6 centimètres cubes, suivant la dimension de ton four, opération que je t'invite à faire autre part qu'en ton atelier, évitant ainsi une poussière funeste à ton travail. Car tu sais le commun proverbe : d'un sac à charbon il ne saurait sortir blanche farine. Remplis une boîte, à ta portée, de ce combustible ainsi préparé, afin d'avoir, pendant toute la durée de la cuisson, un aliment prêt pour ton feu. Le moment est venu de charger le four. Tu t'assures préalablement si toutes ses parties sont bien en ordre : si la *grille* est intacte, si la *moufle* n'est pas trop fatiguée & ne menace pas ruine, si elle est solidement assise sur ses *pieds*, si son bord de devant est appliqué sur le mur antérieur du four, ne laissant passage, par aucune ouverture, à quelque menu charbon, à quelque escarbille ou à des cendres qui pourraient choir sur ton ouvrage.

Tu étends alors sur la *grille*, dont les perforations doivent être soigneusement débouchées, une couche de coke à la hauteur des *pieds* de la *moufle*, & tu en fais passer sous les bords inférieurs de celle-ci, jusqu'aux parois latérales du four. Tout cela par la porte de cette partie qu'on nomme *laboratoire*.

Par l'ouverture de la coupole, tu introduis ton combustible sur les côtés de la *moufle*, de façon à combler les interstices qu'elle forme avec le four, en sorte qu'elle soit entourée de charbon à droite, à gauche & derrière; puis tu l'en recouvres complétement, formant une couche dans la *coupole,* d'une épaisseur à peu près égale à celle que tu as étendue sur la *grille.* Tout cela, ne le fais pas d'une main brutale, dans la crainte que ta *moufle* ne se fêle, & que, pendant l'opération, venant à se rompre sous le poids du combustible, elle ne tombe avec toute sa charge sur ton travail en train de cuire & ne l'anéantisse complétement.

Voilà ton fourneau chargé, il faut y mettre le feu. Munis-toi donc d'excellent charbon de bois de chêne que tu feras allumer en ta cuisine, & quand il sera bien incandescent, mets-en une pelletée sur le coke qui recouvre ta *grille* & ferme la porte du *laboratoire* en même temps que celle de la *coupole.* Établis convenablement ton tirage; le feu se communiquera bientôt, &, enveloppant ta *moufle* de toute part, la portera au rouge vif. Tu pourras songer à l'enfournement.

Dans tous les arts pyrotechniques, ce moment était solennel. Aucun maître fondeur, vasier, verrier ou émailleur n'eût été si méchant homme, que de ne pas adresser une oraison à Dieu. De nos jours encore, en maint endroit, l'ouvrier trace machinalement une croix sur la porte de son four; car, en tant qu'esprit fort, il a supprimé la prière. Et maintenant, il me plaît de te dire ceci, qui est mon sentiment : Ne trace pas la croix, & n'espère pas l'intervention directe de la Divinité dans tes petites affaires; mais rends grâces au Seigneur de t'avoir donné le travail, qui est la manifestation de l'entendement humain & comme le Verbe de son savoir; bénis-le de t'avoir placé, dans la hiérarchie des créatures, à ce noble degré que tu puisses conquérir quelques-uns des secrets de nature, & va répétant cette belle parole : *Dedit Dominus artem meam, & in illa laudabo nomen ejus.* « Le Seigneur m'a donné mon art, c'est en lui que je louerai son nom. »

De l'Enfournement.

Ton four étant convenablement allumé, tu ouvres la porte de la *moufle*, puis, à l'aide de ton *ringard*, tu écartes le combustible du milieu de la *grille*, afin d'y pouvoir placer ce petit cylindre en terre réfractaire appelé *fromage* & ci-dessus décrit. Il sert à supporter les *galettes* sur lesquelles se dispose l'émail que tu entends cuire.

Il convient que ce *fromage* dépasse de quelque peu le niveau de ton feu, ayant par ce fait l'avantage d'isoler ton travail de la couche inférieure de charbon & de l'approcher du sommet de la *moufle*, tenant ainsi l'ouvrage à cuire à une juste distance des foyers du calorique. En outre, il permet à la *galette* de pivoter à la moindre pression que tu lui imprimes avec les pinces. Ce cylindre bien solidement placé, tu ramènes & égalises le combustible, & si tu y remarques des vides, tu les combles avec du coke. Tu secoues légèrement la *moufle* avec le *ringard* ou les pinces, en la soulevant tant soit peu, de sorte que le charbon se tasse convenablement partout autour d'elle ; tu laisses bien reprendre ton feu, &, tout étant exactement prêt, tu te disposes à enfourner.

Ici je t'entends me dire : Pourquoi nous parles-tu de mettre au four, avant de nous avoir mis à même de perpétrer la préparation qui doit y aller? Ne vaudrait-il pas mieux laisser ce chapitre pour y revenir tantôt, & passer tout d'abord à l'émaillage des plaques? — Je te répondrai que, puisque nous en sommes au four, je veux épuiser la matière ; d'ailleurs, je tiens à ce que tu sois bien au courant de la manœuvre, afin qu'au premier commandement, lorsque je te dirai : Passe au feu, tu sois habile à le faire comme un vieux maître expérimenté. Je reviens donc à ma cuisson.

Pour peu que tu aies bien retenu ce que je t'ai dit touchant les *galettes*, tu t'en seras procuré chez les potiers qui vendent les fours. Tu dois les avoir en bon état, éprouvées déjà par le feu, & enduites d'une couche d'ocre jaune cuite au four, ce qui lui donne un ton brun-rouge. On applique cette substance avec un pinceau, après l'avoir délayée dans l'eau. Cette précaution n'est pas vaine, car elle empêche ta plaque d'émail d'adhérer à la *galette*.

Ton émail est donc posé sur cette dernière. Il va sans dire qu'il y doit tenir à l'aise & que celle-ci doit déborder suffisamment pour que, venant à la saisir avec les *pinces* ou le *relève-moustache*, tu ne la brises pas malencontreusement en ne la mordant pas assez avant.

La prenant donc ainsi avec l'un ou l'autre de ces instruments, on la dépose quelques instants sur la *bavette de la moufle*, afin de sécher complétement le travail, puis on la pousse avec précaution dans le four, sur le *fromage*. Là, on lui imprime un léger mouvement circulaire, pour bien parfondre également l'émail, & quand on le voit bien brillant partout, c'est qu'il est fondu. Retire donc promptement ta plaque & dépose-la sur la *bavette de la moufle*, car il n'est pas bon que l'émail passe sans transition d'une température dans une autre.

Tu sais que la fusion de l'émail précède d'assez près celle du métal. Il faut donc agir avec célérité, d'une main ferme & assurée. Il n'y aurait d'ailleurs qu'un médiocre inconvénient à retirer l'émail un peu trop tôt du four, on en serait quitte pour l'y remettre, tandis que trop tard, ce serait sans remède. Fais donc vivement, mais toutefois pas au point que tu en perdes la tête. Rappelle-toi cette devise de l'antique sagesse, le *festina lente* que l'empereur Auguste portait gravé sur son anneau & que le bon Alde Manuce imprimait symboliquement sur ses beaux livres.

Voilà donc ce qu'il convient de faire pour l'enfournement de tous les émaux en général. Seulement, quand ils atteignent une certaine grandeur, il faut procéder quelque peu différemment. On comprendra sans peine que le poids de la *galette*, joint à celui de l'émail, ferait immanquablement briser la première à l'endroit où les pinces la saisiraient, sans compter que ta force y serait insuffisante. Il est donc bon de se servir de deux barres de fer terminées par une boucle aplatie sur

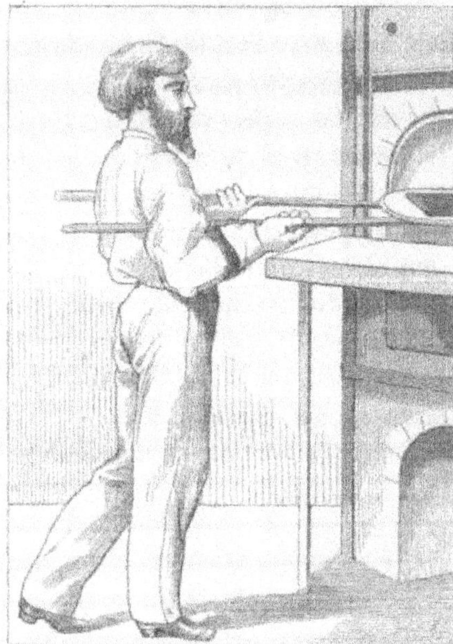

l'enclume. Tu les saisis par le milieu, les boucles en avant, tu passes l'extrémité opposée sous les aisselles, & avec les anneaux placés horizontalement tu enlèves délicatement & d'ensemble la *galette* chargée de ton émail. Tu l'introduis dans la *moufle* sur le *fromage*, & lui imprimes le mouvement rotatoire que tu sais, la soutenant & la dirigeant de tes deux instruments. Puis tu retires le tout par le même moyen. Tu feras bien de te munir de gants de buffle à Crispin, tels qu'on en porte dans la grosse cavalerie : cela, moins pour ménager la délicatesse de ton épiderme, que pour éviter que l'action du feu, un peu vive, ne te cause des préoccupations qui nuiraient au calme dont tu dois t'armer pendant cette opération.

Il y a là un tour de main qui s'apprend vite. Si ta complexion était telle que tu fusses d'une grande maladresse, il faudrait t'exercer préalablement à froid. Tu comprends en effet que de la balourdise, en un pareil moment, amènerait des accidents déplorables.

Il n'est pas bon de sécher ses émaux sur la *barette* du four. On les expose ainsi à recevoir des cendres, & l'action de la chaleur, d'ailleurs par trop ardente, amènerait une dessiccation inégale. Il est meilleur d'avoir un séchoir, qui est tout simplement un fourneau surmonté d'une plaque de tôle, une manière de chaufferette, en un mot.

Comme tu ne pourrais pas facilement faire glisser tes tiges de fer sous la *galette*, si celle-ci posait immédiatement sur la plaque du fourneau, tu feras bien de l'y disposer sur un support qui, l'isolant, laissera sous elle un espace où tu introduiras tes instruments.

Je ne cesserai de te répéter qu'il y a mille petits moyens amenant tous des améliorations dans le travail, & que tu dois t'appliquer à les découvrir. Nous allons enfin passer à l'emploi de l'émail. Hâtons-nous, puisque le four chauffe.

DE

L'EMAILLAGE DES PLAQUES.

Les plaques de cuivre bien décapées sont aptes à recevoir l'émail qui doit former des fonds pour tes peintures. Ces fonds sont d'ordinaire violets, bleus ou noirs. Quelle qu'en soit la couleur, opaque ou transparente, sombre ou claire, les procédés demeurent les mêmes.

Tout d'abord il s'agit de broyer ton émail. Tu te muniras à cet effet d'un mortier en agate de cinq à six pouces de diamètre environ, d'un pilon de même substance, épais de trois centimètres, emboîté dans un manchon de buis serré par une forte virole de cuivre, enfin d'un bon maillet en bois de frêne. Il n'est pas indifférent que le mortier & le pilon soient en agate. Il y aurait lieu de craindre qu'en toute autre substance, & surtout en métal, il ne s'en détachât des parcelles nuisibles à l'émail. C'est ce qui fait rejeter absolument les mortiers de porcelaine; car le frottement du pilon entraîne des petits fragments qui se mêlent à l'émail, lequel, une fois cuit, apparait parsemé de points blancs du plus fâcheux effet. Aussi, ne regarde pas au prix élevé du mortier d'agate qui, d'ailleurs, est d'une très-longue durée.

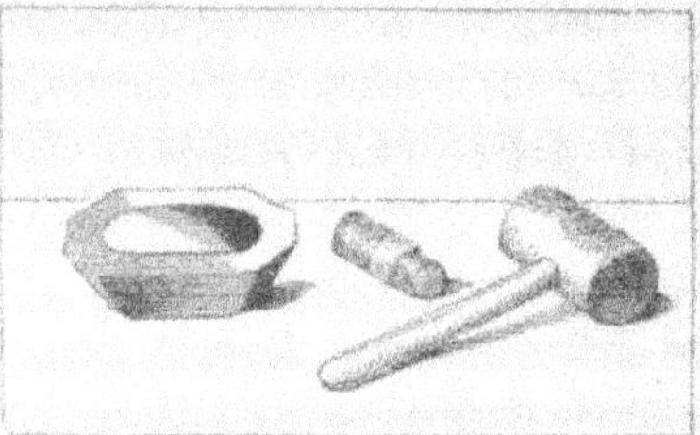

Pour piler ton émail, tu en prends un morceau de la grosseur d'une noix, tu le places au centre du mortier & le recouvres d'eau très-propre. Tu as le soin d'asseoir ton mortier sur un tortil de chiffons ou de paille, afin de lui épargner les effets des contre-coups. Prenant le pilon de la main gauche, & de la main droite le maillet, tu frappes avec celui-ci sur le premier un coup sec qui brise le fragment d'émail & le divise en plusieurs autres. Tu recommences sur chacun d'eux & ainsi de suite, jusqu'à une certaine division de l'émail. Redoublant alors de vitesse, tu piles ainsi tous ces menus morceaux, appliquant rapidement ton coup de maillet & levant chaque fois le pilon. Il y a encore là un tour de main qui s'acquiert promptement par l'exercice. Quand ton émail est ainsi réduit en poudre assez grosse encore, tu abandonnes le maillet, &, prenant le pilon de la main droite, tu lui imprimes un mouvement circulaire qui roule ainsi les uns sur les autres tous les grains d'émail dans le mortier. A mesure que ton eau blanchit par les parties infiniment petites de l'émail qui la saturent, & par les sels alcalins qui s'y dissolvent, tu la jettes & tu la renouvelles. Quand la division est suffisante, ce qui arrive alors qu'elle est bien égale, tu laves une dernière fois ton émail & tu le jettes dans un flacon soigneusement bouché & plein d'eau.

Tu procèdes ainsi jusqu'à ce que tu te sois fait une provision assez abondante pour que ton travail n'ait à souffrir d'aucune interruption faute d'aliments. On trouve l'émail dans le commerce sous trois formes différentes : en gros blocs irréguliers, en disques lenticulaires & en grenaille. Sous cette dernière forme, il est plus facile à piler.

Quand tu veux employer ta broyée, extrais-en du flacon où tu la conserves recouverte d'eau la quantité que tu juges nécessaire, & mets-la dans ton mortier. Là tu la mouilles avec de l'acide nitrique, la roulant encore quelque peu avec le pilon. Tu verses de l'eau que tu rejettes & renouvelles, en *remuant* chaque fois, jusqu'à ce que le bain dans lequel repose ta broyée n'ait plus aucune acidité au goût; ce que tu éprouveras en portant à la bouche le doigt que tu y auras plongé.

Cette précaution est on ne peut plus nécessaire; elle se doit prendre avec tous les émaux, qu'elle débarrasse des matières étrangères qu'ils peuvent contenir. Il y a encore une autre raison que M. Salvetat, dans sa savante *Technologie céramique*, expose en ces termes : « L'altération des substan- « ces vitreuses réduites en poudre fine par le con- « tact de l'air humide permet d'expliquer certaines « pratiques qui tiennent peut-être plus à l'art de « l'émailleur qu'à celui qui nous occupe, mais que « nous devons indiquer ici; je veux parler de la « précaution que prennent les émailleurs de laver « avec de l'acide azotique leurs émaux en poudre, « avant de les appliquer, comme ils le font, en les « étendant à l'eau par l'intermédiaire d'une petite « spatule.

« S'il restait du carbonate alcalin dans la matière « vitreuse, l'acide silicique libre provenant de l'al- « tération qui donne d'abord naissance à du silicate « alcalin mettrait en liberté, sous l'influence de la « chaleur, de l'acide carbonique dont le dégage- « ment serait accusé par des bouillons. »

C'est ainsi qu'avant leur emploi il faut préparer tous les émaux, y compris le fondant. Examinons maintenant la marche à suivre pour en enduire les plaques de métal embouties & décapées suivant les préceptes ci-dessus déduits.

La première opération consiste à appliquer le *contre-émail*, c'est-à-dire une couche d'émail opposée à celle sur laquelle on doit peindre. On affecte généralement à cet usage des résidus de différents émaux conservés à cette intention. Cependant, pour des travaux soignés, & tu n'en feras pas d'autres, j'aime à croire, il est préférable de se servir de fondant, qui est, comme tu le sais, un émail incolore. On obtient ainsi un contre-émail translucide qui laisse apercevoir le ton du métal.

Les braves antiquaires à la recherche des vieux débris ont soin de retourner les pièces avant d'ajouter foi aux protestations du marchand touchant l'âge de la marchandise. Sans ce dessous transparent, le dessus risque fort qu'ils ne daignent essuyer pour lui leurs lunettes. C'est qu'effectivement le contre-émail translucide est ordinairement un des caractères des émaux d'une certaine époque. Il est d'ailleurs si facile à faire, que je doute que le seigneur Polichinelle lui-même s'abaissât à le prendre pour un secret.

Ce fondant, broyé comme nous l'avons indiqué plus haut, s'applique sur la partie concave de la plaque, avec une spatule de fer dont la dimension varie suivant celle de l'excipient à émailler. On prend, à l'aide de ce petit instrument, des parties d'émail très-imbibées d'eau, & on les pose sur le cuivre en les étalant & les égalisant le plus possible, jusqu'à ce que la superficie du métal en soit totalement couverte. Cela fait, à l'aide d'un linge usé, mais fort propre, qu'on applique sur l'émail, on en soutire toute l'eau qu'il contient, &, lorsqu'il est ainsi séché, on l'égalise tout à fait avec le plat de la spatule, qu'on passe & repasse, en pressant légèrement, d'un bout à l'autre de la plaque.

Voilà pour le contre-émail. On retourne alors adroitement la plaque, &, la posant sur la galette qui doit la porter au feu, on entreprend de l'émailler sur la partie convexe qui est généralement celle sur laquelle s'exécutent les peintures. Cela se fait exactement par le procédé que je viens de décrire. Pour ne pas déranger le contre-émail, tu t'appliqueras à faire cette opération d'une main aussi légère que possible & tu prendras les plus grandes précautions. Tu pourrais me demander pourquoi l'on n'émaillerait pas d'abord le contre-émail, & ne le cuirait-on pas, pour faire ensuite la même chose du dessus? Pour deux raisons : la première, c'est que ton métal émaillé d'un seul côté pourrait se gauchir au feu; la seconde, plus sérieuse, c'est que la partie du métal demeurée à nu s'oxyderait, & que l'opération du décapage ferait éclater la vitrification qui recouvrirait l'autre.

Ta plaque étant bien enduite d'une première couche d'émail, tu poses la *galette* sur la *barette de la moufle*, ou sur un séchoir, afin de bien faire évaporer jusqu'au dernier vestige d'humidité & tu passes au four. Aussitôt que ton émail est rouge & bien glacé, ce qui est l'affaire de quelques minutes, tu le retires & le laisses complétement refroidir. On reconnaît que l'émail est cuit lorsqu'il paraît brillant sur toute sa surface.

Ce n'est pas tout encore. Assez souvent, pour ne pas dire toujours, l'émail s'est retiré en certains endroits, quelquefois même des portions notables du contre-émail se sont détachées pendant l'émaillage ou pendant la cuisson. Il faut réparer ces petits désastres. Tu nettoieras bien les parties de cuivre mises à nu & les rechargeras d'après les procédés décrits & qui ne tarderont pas, grâce à la pratique, à te devenir familiers. Quant au dessus de la plaque, si tu as bien opéré, le dégât doit y être nul ou insignifiant. Une seconde couche d'émail mise avec tout le soin possible, bien spatulée, bien essorée & bien cuite, amènera comme résultat une réussite complète & définitive.

La couleur de l'émail dépend des travaux que tu entends exécuter. Les tons foncés viennent généralement d'une façon satisfaisante, mais ceux dont la transparence laisse par trop apercevoir le cuivre essentiellement oxydable sont pour l'ordinaire tachés ou modifiés du tout au tout par une réaction chimique ; c'est ce que tu éviteras en interposant entre le métal & l'émail coloré une couche de fondant ou même un émail dont les composants n'agissent pas sur la substance métallique. On emploie rarement ces fonds clairs, parce que le travail du blanc, que nous allons décrire, n'est tout à fait beau que sur des fonds obscurs ; mais on peut émailler une plaque avec des réserves foncées au milieu de fonds clairs. Il faut alors que ces réserves soient préalablement bien tracées sur le cuivre, ou bien, si l'on préfère qu'elles soient légèrement en relief, décalquées sur le fond passé déjà au four.

Il est d'une bonne pratique, lorsque tes plaques sont bien refroidies, de les polir & de les dresser avec une pierre d'ardoise très-fine, dont on les frotte en tous sens en les mouillant. Cela fait, on les essuie, on les sèche & on leur rend dans le four le glacé que leur fait perdre cette opération.

Du Décalque.

Jusqu'ici nous n'avons fait qu'œuvre d'ouvrier, il nous faut faire œuvre d'artiste. C'est maintenant que le talent, fruit d'une patiente recherche, va seulement se manifester. Si fort que tu sois, je ne t'engage pas à improviser avec des matériaux indélébiles comme ceux de l'émail. Mais mûris ton œuvre, & qu'une gestation convenable l'amène à terme.

Si la Minerve sortit tout armée du cerveau de Jupiter, il y a lieu de croire que le père des dieux & des hommes l'y avait portée longtemps. Sache aussi que les plus grands maîtres sont de tous & de beaucoup les plus patients.

N'entreprends donc aucun travail sans avoir préalablement exécuté un carton bien arrêté dans l'ensemble & dans le détail.

Une fois ta composition fixée, trace un calque fidèle sur du papier végétal & ajuste-le sur ta plaque, le maintenant immobile par quelque corps pesant sur un de ses bords, de façon que tu puisses le soulever & découvrir entièrement ton émail, sans toutefois qu'en le laissant retomber il subisse le moindre déplacement sur ce dernier. Introduis entre les deux une feuille de papier enduit d'une couche légère de vermillon médiocrement onctueux ; puis, avec une pointe fine, un peu émoussée pour qu'elle ne déchire pas le papier végétal, passe sur tous les traits de ton dessin, qui se reproduiront en rouge sur ta plaque.

Ce décalque obtenu, dépose celle-ci dans une boite peu profonde où l'on puisse la mouvoir à l'aise.

Une planchette étroite & longue, aux arêtes adoucies,

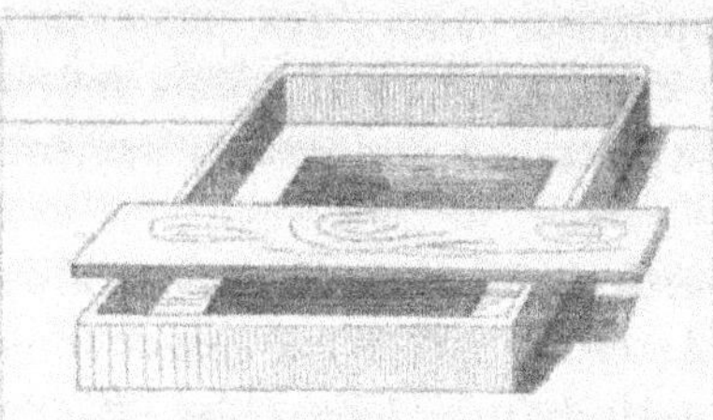

te servira d'appui-main. Il sera bon que cette boîte soit à coulisses & munie d'un couvercle, afin de fermer ton travail lorsque tu le quittes ou que tu le transportes. Ces précautions prises, tu te mettras à l'œuvre & tu entreprendras l'exécution du sujet que tu as composé, soit que tu veuilles le rendre par une simple & noble grisaille, soit que tu entendes produire un tableau coloré, soit que, réunissant toutes les ressources de ton art, tu entreprennes d'enrichir ton œuvre par l'éclat métallique des paillons. Examinons donc comment tu procéderas pour faire une grisaille. Mais va de ce pas préparer ton blanc.

De la Préparation du blanc.

Je suppose que tu as un émail blanc dont le degré de fusibilité est bien éprouvé & que tu en conserves une certaine provision broyée en poudre impalpable, dans un bocal soigneusement fermé. Tu en prends une certaine quantité, le contenu d'un dé à coudre, par exemple, que tu déposes sur une large glace dépolie. Sur cette poudre, tu laisses tomber goutte à goutte, à l'aide d'un bouchon de flacon d'essayeur, de l'essence d'aspic rectifiée. Tu délayes le tout avec un couteau à palette, & avec une molette de verre tu broies le mélange le plus soigneusement possible, évitant comme la peste la moindre

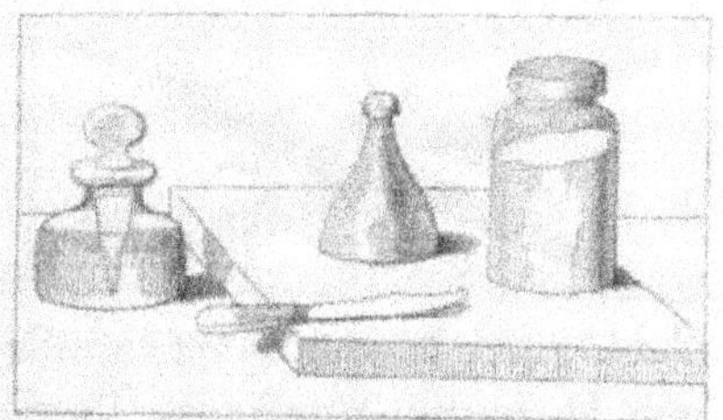

poussière, les cheveux, peluches & autres fétus qui pourraient y tomber. Quand tu as amené cette pâte à un état semi-fluide & qu'elle est bien mêlée à l'essence, tu la recueilles dans une de ces capsules en porcelaine qui, s'adaptant les unes aux autres en se superposant, se servent mutuellement de couvercle. Tu feras bien de posséder un certain nombre de ces godets pour les besoins des opérations subséquentes. Maintenant il importe, avant de passer à l'emploi du blanc, que je t'enseigne à te fabriquer les pointes & les pinceaux.

Des Pointes & des Pinceaux.

Les pointes qui tout à l'heure vont nous être indispensables se font avec des aiguilles de diffé-

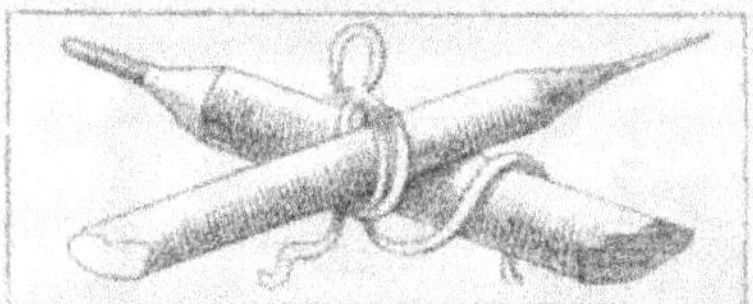

rents calibres, depuis le numéro le plus faible jusqu'au plus élevé. On brise à l'aide d'une pince la tête d'une aiguille, &, ne conservant que la partie aiguë, on l'enfonce du côté de la cassure dans une hampe de bois blanc qu'on façonne comme un crayon taillé, en l'amincissant jusqu'à l'aiguille. Il faut que celle-ci soit bien enfoncée & qu'elle ne sorte pas assez pour être flexible.

Quant aux pinceaux, ils ne servent qu'à déposer le blanc sur la plaque; c'est avec l'aiguille qu'on modèle, ainsi que nous verrons bientôt. Prends de bons pinceaux de martre, de blaireau ou de poils d'oreille de vache, & rase-les au droit du tuyau jus-

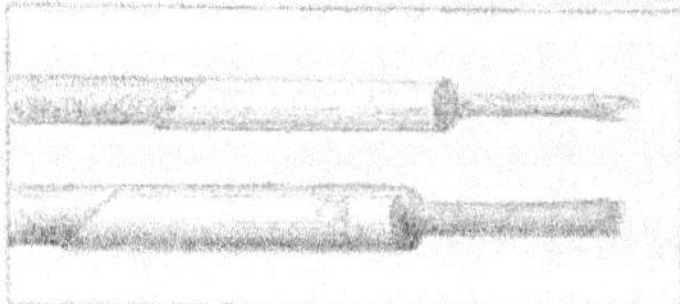

qu'à ce qu'il ne reste au milieu qu'un bouquet très-mince dont les brins soient bien d'égale longueur. Tu peux en faire ainsi de grosseurs variées, selon l'étendue des parties de blanc à exécuter. Hâtons-nous donc de nous mettre à ce travail qui est la pierre d'achoppement de notre œuvre.

Des Grisailles.

C'est dans l'emploi du blanc que consiste presque tout le travail de l'émail : c'en est le corps & c'en est l'esprit. Les colorations ne sont rien sans lui : c'est de sa parfaite exécution qu'elles empruntent quelque valeur. Leur éclat, leur limpidité, n'existent que par lui, & lui seul est la fidèle expression du talent du peintre en émail.

Lorsque ton calque est nettement reproduit sur ta plaque par un mince délinéament rouge, tu prends au bout du pinceau une goutte de blanc, & tu la places sur le point culminant de ta lumière, groupant autour d'elle une série de gouttelettes dont la quantité, la grandeur & l'écartement sont en rapport avec le ton de la partie que tu veux modeler, c'est-à-dire que les parcelles de blanc déposées à l'aide du pinceau doivent être épaisses, larges & rapprochées dans les lumières, & de plus en plus espacées & légères, que la demi-teinte entre davantage dans l'ombre. Avec la pointe du pinceau tu approches ces gouttelettes & les fonds le plus possible ensemble; puis, rejetant cet instrument, tu emploies l'aiguille avec laquelle tu égalises tes teintes en les tirant en tous sens & les faisant pénétrer l'une dans l'autre. Garde que ton blanc commençant à sécher tu ne sois exposé à tout gâter, car alors le passage de l'aiguille dans la pâte s'accuserait par de petits sillons que rien ne pourrait faire disparaître; ce travail doit se faire d'abord avec une aiguille un peu forte, puis avec une plus déliée; il importe qu'il soit conduit avec le plus grand soin, à l'abri surtout de la poussière. Aussitôt terminé, tu le fais sécher & tu le fixes au feu. Puis tu donnes un second blanc, un troisième, même un quatrième, jusqu'à ce que tu sois satisfait de ton modelé. Il ne faut pas vouloir atteindre au premier blanc l'effet qu'on souhaite d'obtenir; trop d'émail posé à la fois t'exposerait à avoir des bouillons qui t'empêcheraient fort. Ce qu'il faut surtout traiter avec le plus grand soin, ce sont les demi-teintes, attendu qu'on peut toujours charger les blancs & faire ainsi disparaître les taches qui s'y peuvent trouver, tandis que si les demi-teintes sont malproprement travaillées, les défauts fixés par le feu y transparaîtront toujours sous les couches nécessairement très-minces qui les recouvriront.

Il ne faut pas entreprendre une trop grande

partie à la fois, car l'émail, pour sécher, n'attend pas ton bon plaisir. Tu t'arrangeras donc pour exécuter ton travail partie par partie, avisant judicieusement à ne t'arrêter que là où une ligne vigoureuse te permet de le faire sans qu'il y paraisse, &, reprenant ton modelé à côté, n'arrive pas juste sur ce contour, car l'essence contenue dans le blanc que tu travailles, aspirée par l'effet de la capillarité dans celui qui est à demi séché, te laisserait tout penaud embourbé dans ton œuvre. Après le passage au feu, cette petite séparation est visible; tu dois donc faire en sorte de ne l'avoir que dans une partie d'ombre, sur la limite d'un plan, à l'intersection d'une draperie sur les chairs ou dans un pli profond. Avec un peu d'adresse & de soin, ce léger défaut sera insignifiant & disparaîtra d'ailleurs complétement sous les retouches des autres feux.

Voilà comment on procède avec le blanc, quelque peinture qu'on exécute. On peut obtenir ainsi une grisaille en la peignant morceau par morceau; mais, pour lui donner plus d'unité, surtout quand la composition est étendue, on peut la masser en couchant des à-plats très-légers qui, par leur transparence sur un fond noir, produisent des teintes grises aussi sombres qu'on peut les désirer; il suffit d'étendre plus ou moins son blanc d'essence d'aspic, pour avoir un ton plus ou moins foncé. Cela doit être fait avec la plus grande discrétion;

car si ces à-plats n'étaient pas exécutés dans le ton juste, tu ne pourrais plus modeler tes figures, t'étant privé de la ressource des noirs pour faire tes ombres. Avant de passer ta plaque au feu pour solidifier ces à-plats, tu pourras, après les avoir toutefois bien séchés, les travailler de fines hachures qui accuseront tes ombres vigoureusement, en mettant à découvert le fond noir de la plaque d'émail. Il est indispensable que ton émail soit bien sec, sans quoi ton travail serait malpropre & tu ne pourrais en soufflant dessus chasser les parcelles enlevées avec la pointe. Elles adhéreraient au contraire de chaque côté du sillon tracé par l'aiguille, s'y maintiendraient par la mucosité de l'essence épaissie & formeraient des lignes bavocheuses de l'effet le plus fâcheux & le plus malpropre; tandis que, lorsque l'émail est parfaitement sec, un souffle expulse les parties grattées, & les refends tracés par la pointe sont & demeurent nets & précis.

Il importe donc très-fort, avant de travailler ainsi l'émail en manière de gravure, de bien le faire sécher, afin qu'il ne renferme plus la moindre quantité d'essence. Pour cela tu poses ta plaque sur un séchoir, appareil en tôle dont je t'ai parlé ci-dessus, composé d'une boite & d'un couvercle perforé. Tu mets dans cette espèce de chaufferette quelques charbons incandescents, & tu vois presque aussitôt l'essence se volatiliser en vapeur sur toute la surface de ta plaque. L'émail est bien sec, lorsque cette vaporisation a complétement cessé; il doit être parfaitement blanc & opaque, à ce point qu'on distingue à peine la différence des tons du modelé, & que les parties peu chargées d'émail paraissent à peu près aussi blanches que celles qui sont plus épaisses. Il devient alors très-difficile de savoir au juste où l'on doit travailler à la pointe; aussi, pour une composition un peu étendue ou pour une figure de style, faut-il de toute nécessité faire un décalque & bien préciser le contour des figures. Car tu le sais aussi bien que moi, les ignorants seuls s'imaginent qu'un artiste improvise à main levée, comme en se jouant, les compositions les plus importantes. Celui qui tenterait de le faire ne serait qu'un acrobate destiné tôt ou tard à se rompre le col. Mais comment s'y prendre pour déposer un décalque sur une surface garnie d'une matière pulvérulente que le moindre froissement peut déplacer ou enlever?

Fais donc un calque fidèle de ton dessin, avec un crayon Conté noir n° 2, place délicatement ce calque sur ton émail bien sec, &, sans déranger le papier végétal dont le moindre mouvement égratignerait ou déplacerait l'émail, passe un doigt doucement dessus. En enlevant ton calque, tu trouveras qu'il s'est décalqué assez nettement sur ton émail blanc. Tu exécuteras alors ton travail avec la pointe.

à la manière de l'eau-forte, &, cela fait, tu passeras au four.

Une fois solidifié au feu, ce travail n'a plus besoin pour être terminé que de recevoir des lumières, & cela par le procédé que j'ai dit ci-dessus. Mais si tes hachures une fois cuites te paraissent trop accusées en certains endroits, tu pourras les éteindre en couchant encore des à-plats très-minces que tu sécheras de nouveau & que tu pourras encore refendre à la pointe avant de les recuire. Les anciens ont fort employé ce système.

Un autre procédé pratiqué également par les émailleurs de la Renaissance consiste à coucher une teinte plate égale sur toute la plaque, d'un bon ton de demi-teinte foncée; puis, prenant de l'émail noir pilé & broyé en poudre impalpable, on le mélange avec un peu d'essence grasse de térébenthine & d'essence d'aspic rectifiée; puis, sur la demi-teinte générale solidifiée préalablement au feu, on peint les ombres, les modelant le mieux possible. On passe au four, & sur ce résultat on pose fièrement & spirituellement les lumières, les faisant tourner avec la science de modelé départie à chacun par ses études.

Le blanc doit être tenu très-proprement & travaillé de même. S'il y tombe quelque grain de poussière, quelque fil imperceptible, il faut les extraire avec la pointe du pinceau avant que l'essence soit trop évaporée pour permettre qu'on touche au blanc sans y laisser une empreinte indélébile. Quand les travaux ont une dimension hors ligne, on peut appliquer le blanc à l'aide d'une petite spatule avec laquelle on le verse sur la plaque & qui sert à le modeler jusqu'à un certain degré où l'aiguille fait le reste. Cette spatule peut même être terminée à une de ses extrémités par une pointe assez fine qui sert au même usage qu'une forte aiguille.

Tous ces procédés sont excellents quand ils sont bien employés & surtout quand ils sont au service d'un talent réel. Il ne faut en adopter ni en rejeter aucun d'une manière exclusive, mais, donnant la préférence à celui qui convient le plus au tempérament qu'on possède, appeler néanmoins le secours des autres & compléter celui qu'on adopte de toutes les ressources auxiliaires de ceux qu'on emploie moins.

Exerce-toi surtout à travailler le blanc; c'est la seule difficulté sérieuse de l'art du peintre en émail, puisque c'est par le blanc que se rend la forme de tout ce que tu veux exprimer sur un excipient, & qu'en dehors du dessin & du modelé il n'y a qu'un métier & non pas une science.

Souvenons-nous que c'est de l'oubli de ce procédé, oubli qui n'était lui-même que le résultat d'une doctrine artistique considérablement affaiblie, que date la décadence de l'émail de Limoges. On vit des artistes, que dis-je! des manœuvres, incapables de modeler une grisaille, appliquer leur blanc lourdement, sans clair-obscur ménagé, &, renonçant, contraints qu'ils y étaient par cette absence de méthode savante, aux belles colorations translucides, enluminer leurs grossières grisailles avec des couleurs appliquées au pinceau, procédé dont n'usaient qu'avec une extrême réserve les maîtres de la bonne époque.

En principe, lorsque tu en seras à cette partie importante de ton œuvre, mets dans ta maison une telle discipline, qu'on évite à tout prix de te déranger & de t'interrompre, car l'essence n'attend pas que tu sois revenu pour s'évaporer & rendre le blanc tout à fait immaniable.

Des Colorations.

Les colorations se font avec des émaux translucides. Par ce seul fait, elles ne sont visibles que sur un modelé en grisaille qui transparaît alors au travers de leur substance vitreuse diversement teintée. Si tu appliquais ces émaux colorés directement sur du noir, ils seraient invisibles ou à peu près, & n'auraient d'autre effet que de modifier légèrement le ton de l'excipient.

Tu comprends donc que, pour avoir une composition colorée, il faille l'exécuter d'abord en grisaille. Si tu dois laisser quelques parties blanches, comme des chairs, des draperies, des nuées, des rubans, des cheveux, réserve de les modeler plus tard, & exécute en premier celles qui doivent apparaitre sous la couleur, attendu que cette dernière, moins fusible que le blanc, réclame un feu plus prolongé qui pourrait altérer & brûler les demi-teintes de ce dernier. Pour appliquer tes émaux colorés, tu procéderas comme il suit :

Tu commenceras par les broyer dans le mortier d'agate, en suivant la méthode indiquée plus haut. Il faut les réduire en poudre plus fine que ceux qui servent à recouvrir les fonds, attendu qu'il importe d'obtenir des surfaces plus unies. Tu les passeras à l'acide nitrique & les déposeras dans des capsules d'émailleur, après les avoir lavés à grande eau, le plus soigneusement possible. Lorsque tu es prêt à travailler, tu ranges devant toi les tons que réclame ton œuvre & tu inclines légèrement les capsules pour que l'excès d'eau se sépare de l'émail & cependant ne cesse de l'humecter.

Tu te muniras d'un certain nombre de spatules, depuis les plus ténues jusqu'à celles d'une moyenne grandeur; les très-grandes ne servent guère qu'à charger les fonds. Ces spatules peuvent être en cuivre ou en fer, mais ce dernier vaut mieux; les unes sont emmanchées dans du bois, d'autres sont entièrement en métal & peuvent servir des deux bouts.

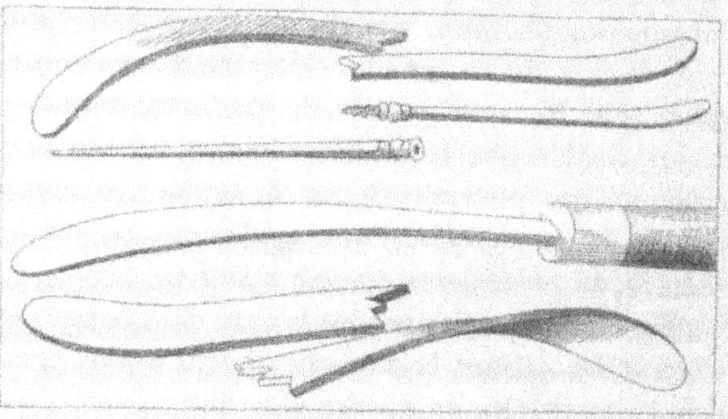

Je suppose ta grisaille parfaitement modelée & glacée au feu. Essuie-la bien, qu'il n'y reste aucune poussière, puis commence à appliquer l'émail sur les parties que tu veux colorer, comme tu as fait pour émailler les fonds. Pose donc ta poudre humectée le plus également possible en couche mince. Arrête-la bien net sur les contours qui délimitent les colorations, & fais succéder les tons aux tons, sans les mêler jamais. Juxtapose-les cependant de façon qu'ils se touchent.

Lorsqu'une partie d'émail est ainsi posée, tu la sèches avec un linge, & à l'aide d'une spatule large bien polie tu l'égalises en la pressant dans tous les sens, faisant bien joindre les différentes couleurs avec celles qui leur sont voisines. Cela fait, tu passes au four.

Il est rare que du premier feu tes émaux soient bien corrects. Quelques petites parties demeurent découvertes & des inégalités d'épaisseur presque inévitables amènent des inégalités dans la valeur du ton. Tu retouches le tout en y ajoutant de l'émail, soit partiellement, soit sur toute la superficie de ta plaque, recouvrant ainsi d'émaux translucides les parties laissées en noir, pour y faire après coup les blancs qui doivent demeurer tels. Sans cette précaution, tu aurais, dans les parties ménagées, des creux que le travail du blanc n'arriverait pas à amener au niveau des parties chargées d'émail de couleur. Si ta plaque était bleue ou de tout autre ton que tu voulusses conserver, tu substituerais du fondant à l'émail de couleur qui resterait alors circonscrit dans les parties seules qui doivent lui emprunter leur coloration.

Dans le cas où ces couches d'émail seraient trop épaisses, tu les aminciras en les frottant à la pierre d'émeri & tu leur rendrais leur brillant à un nouveau feu. Une fois ta grisaille bien colorée, tu dois entreprendre les parties blanches & les exécuter avec les précautions & la méthode ci-dessus décrites.

Des Paillons.

Les paillons sont des parties très-minces de métal laminé ou battu, qui, placées sous les émaux de couleur, acquièrent d'eux & leur communiquent une vivacité & un éclat du plus splendide effet.

L'or, le platine, l'argent, servent seuls à cet usage. Il est aisé de comprendre que le ton du métal influe sur les colorations. Ainsi, les bleus posés sur l'or ont moins de pureté, sont d'un moins bel azur que sur l'argent ou le platine. Les verts acquièrent sur le premier métal un reflet plus chaud que sur les deux derniers qui les rendent un peu froids. Les rouges empruntent à l'or un éclat inimitable. Les violets lui doivent un aspect un peu brun, tandis que sur l'argent & le platine ils conservent leur ton naturel rendu beaucoup plus vif par l'éclat métallique.

C'est à toi d'éprouver l'effet des émaux sur les différents métaux, car ceux-ci modifient quelquefois profondément au feu l'aspect de l'émail par la réaction chimique qui s'opère en cette circonstance. Les jaunes, par exemple, où il entre des sels d'argent, ne sauraient être appliqués sur ce métal sans l'altérer. On lui substitue le platine avec succès. Le rouge est dans le même cas. Cependant on peut appliquer ces émaux sur l'argent, en interposant entre lui & eux une couche de fondant solidifiée au feu.

Les feuilles de métal qui servent à faire les paillons doivent être fort minces ; trop épaisses, elles se colleraient difficilement. Avant de les employer il est bon de les *récrouir*, ce qui les rend plus souples & moins cassantes.

Lorsque tu as arrêté d'exécuter quelque composition enrichie de ce genre d'ornements, c'est par là que tu dois commencer ton travail. Que ton dessin soit préalablement parfaitement décalqué sur ta plaque, &, faisant à part le calque de tes paillons, découpe-les de la manière suivante :

Place sur une planchette de bois de poirier bien dressée & bien polie la feuille de métal qui doit te fournir ton paillon ; sur cette feuille en or, en platine ou en argent, pose le papier végétal où sont tracés les contours des parties que tu veux découper, & à l'aide d'une lame très-affilée tu les tailleras en suivant ton trait le plus juste & le plus proprement possible.

Une lancette emmanchée solidement est excellente à cet usage. Un petit instrument formé d'une tige mince terminée par un fer de flèche très-coupant,

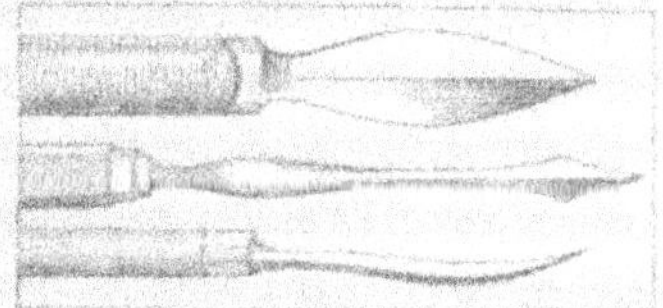

& un petit tranchet aiguisé des deux côtés, sont

également très-convenables. Tu trouveras ces menus outils chez les marchands d'instruments de chirurgie.

Il est essentiel de tailler les paillons sous une feuille de papier végétal, sans quoi le contact immédiat du fer arracherait le métal & ne permettrait pas d'obtenir une section bien nette.

Il arrive qu'on a souvent à employer de petits ornements dont la forme ne varie pas, tels que des perles, des croisettes, des fleurs de lis, des étoiles. Leur petitesse rendrait la découpure très-difficile; aussi les exécute-t-on avec des emporte-pièces, sorte de poinçons en acier qu'on fait graver suivant son bon plaisir & que l'on conserve pour s'en servir à l'occasion. Il faut pour cela poser le paillon sur une plaque de plomb, le recouvrir d'un papier végétal & obtenir la découpure bien nette en frappant un coup ferme & assuré avec un marteau ou un maillet sur la tête de l'emporte-pièce.

Lorsque tes paillons sont ainsi taillés dans la forme que tu désires, tu délayes un peu de gomme adragante dans de l'eau & tu fais un mucilage dont tu enduis sur ta plaque les parties qu'ils doivent occuper; puis, les posant avec précaution & précision, tu les y fais adhérer en les frottant doucement avec le doigt par-dessus un papier végétal. Grâce à ce petit moyen, ils s'unissent parfaitement sans se déchirer.

La gomme adragante semble provenir de toutes les espèces d'*astragalus*. L'*astragalus Creticus* que Tournefort trouva sur mont Ida & dans l'île de Crète, & l'*astragalus* gummifère que Labillardière trouva sur le mont de Libanon, fournissent la gomme adragante. Elle doit sans doute à la bassorine qu'elle contient la propriété de se gonfler dans l'eau. On la vend très-épurée en poudre impalpable chez les pharmaciens. A défaut de gomme adragante, tu peux employer de l'eau dans laquelle tu auras fait tremper des pepins de coing; mais la gomme adragante est d'un usage plus expéditif, & elle a, comme le mucilage obtenu par les pepins, l'avantage de ne laisser aucun résidu après le passage au feu. La gomme arabique n'a pas cette propriété; il faut par conséquent la rejeter absolument.

Tes paillons collés, tu les peindras avec des couleurs vitrifiables allant sous fondant, couleurs dont je te parlerai incessamment. C'est le seul moyen de leur donner quelque modelé & de dissimuler l'arête vive & trop sèche que forme sur son contour une feuille de métal. Cela fait, passe au feu. Si, en retirant ta plaque, quelques paillons étaient soulevés, presse-les légèrement avec une spatule en fer tandis que ton émail est encore rouge, & ils se colleront parfaitement.

Si tu as à couvrir une partie assez étendue, il faut couper ton métal en menus morceaux & les coller de manière qu'ils empiètent les uns sur les autres pour qu'aucun interstice ne les sépare. Une feuille trop large se boursouflerait & se recroquevillerait au feu. Prends bien la précaution de lisser ton métal en le pressant du doigt, toujours au travers d'un morceau de papier mince pour ne pas l'arracher, & passe dessus en appuyant fortement en tous sens, afin de chasser l'air qui, demeurant sous le paillon, le soulèverait & même le pourrait crever quand tu le cuirais.

Dès que les paillons sont fixés au feu, tu peux poser la couleur; mais comme il faut ménager les feux à l'émail, tu peux auparavant exécuter toutes les grisailles qui doivent recevoir les colorations, & mettre celles-ci, d'après le procédé que nous avons vu plus haut, sur les grisailles, en même temps que sur les paillons.

On ne saurait nier que les paillons ne constituent pour les émaux un très-bel ornement; toutefois, il faut en user avec une grande discrétion, car ils ne comportent qu'un modelé très-imparfait & communiquent à l'œuvre une sécheresse qui sent la décadence, quand on ne sait pas y apporter une mesure convenable. Mais un sage emploi des paillons est d'un effet on ne peut plus heureux & que rien d'ailleurs ne saurait égaler en éclat. Des couronnes, des ornements dans l'ajustement, des feuillages, des pierres précieuses, des flammes & vingt autres choses se rendent par ce procédé d'une façon unique. Un véritable artiste, loin de rejeter cette ressource, devra donc au contraire y recourir souvent. Les beaux modelés exécutés par une main savante, au lieu de perdre quelque valeur à leur contact, ressortiront d'autant mieux, & dans l'ensemble d'un travail de prix les paillons joueront un rôle important.

Des Couleurs vitrifiables.

Les couleurs vitrifiables ne sont autre chose que les émaux colorés, avec cette différence que l'oxyde, au lieu d'y être dissous comme chez ces derniers, y est seulement à l'état de mélange. Couleurs pour la peinture sur verre, couleurs pour la faïence, la porcelaine ou l'émail proprement dit, c'est tout un, sauf les doses du fondant qui varient suivant l'excipient & le feu qu'il réclame.

S'il s'agissait ici d'un traité de miniature sur émail, nous pourrions nous étendre sur les couleurs vitrifiables; mais notre art en est l'antipode, & ces couleurs n'y jouent qu'un rôle qui, pour être fort utile, n'en est pas moins un rôle accessoire. Nous ne nous arrêterons donc pas à leur fabrication. Contentons-nous de savoir que les bleus s'obtiennent par l'oxyde de cobalt & l'oxyde de zinc; les verts par l'oxyde de chrome, modifiés par une adjonction d'oxyde jaune de fer ou d'oxyde de cobalt; les jaunes, par l'oxyde d'urane, l'antimoine diaphorétique, l'oxyde de fer; les violets, avec le pourpre de Cassius & l'oxyde de cobalt; les carmins, avec le pourpre de Cassius; les violets rougeâtres, avec de l'oxyde de fer & un peu de manganèse; les rouges, avec de l'oxyde de fer; les bruns, avec de l'oxyde de fer, du zinc métallique & de l'oxyde de cobalt; les noirs, avec de l'oxyde de fer & de l'oxyde noir de cobalt; les gris, avec des mélanges d'autres couleurs, avec de l'oxyde de fer & de l'oxyde de cobalt, avec du platine, &c., &c. Les marchands de couleurs vitrifiables en ont un grand assortiment & les vendent toutes préparées pour l'émail, triturées, moulues & porphyrisées, si on les demande telles.

Ces couleurs nous serviront pour retoucher nos grisailles, accuser des ombres, effacer les taches dans le modelé, donner du ton aux colorations translucides, peindre les carnations qu'un émail transparent colorie trop uniformément, modeler les paillons, tracer des inscriptions.

Il faut les ranger tout d'abord en deux catégories : celles qui vont sous fondant & celles qui n'y vont pas. Ces dernières sont plus fusibles que les premières : aussi celles-ci, plus résistantes, n'étant pas détruites par la superposition d'un émail translucide, transparaissent sous une ou plusieurs couches d'un cristal coloré.

Quand tu voudras teinter une grisaille, donner du corps à des ombres, nuancer des chairs, des cheveux ou tout autre détail sur quoi tu ne dois plus appliquer d'émail, il faut faire usage de couleurs très-fusibles.

Souvent ta grisaille a quelques petites taches trop claires qui nuisent à la beauté de son modelé; tu feras un ton qui rentrera dans celui de tes demi-teintes ou de tes ombres, & tu en peindras les parties qui sont disparates, jusqu'à ce qu'elles se fondent dans la teinte générale.

Si ton travail demandait à recevoir des émaux transparents, tu prendrais des couleurs qui aillent sous fondant. C'est avec celles-ci que tu dois modeler tes paillons & tracer les ombres des grisailles destinées à demeurer dessous.

L'emploi de l'une ou de l'autre sorte de ces couleurs est le même. On les porphyrise extrêmement sur une palette de verre avec une molette de même substance, en les mouillant d'un peu d'essence d'aspic rectifiée; une goutte d'essence grasse de térébenthine épaissit la pâte & lui donne du lien. Puis, à l'aide d'un pinceau d'une grosseur proportionnée au travail qu'on veut faire, on peint avec cette couleur, en se servant comme véhicule d'essence de térébenthine ou de lavande. Cette dernière, moins siccative, est d'un emploi plus commode. Cela exécuté, on cuit.

Si l'on veut revenir sur le ton qu'on a posé, il est utile de sécher la peinture en l'exposant à une chaleur douce; on repeint alors très-facilement, sans que l'essence entraîne la couleur de la couche première ainsi séchée. Cela vaut mieux que de cuire à chaque fois, attendu que les émaux ne peuvent trop souvent aller dans le feu, sans courir quelque risque.

N'abuse pas de ces colorations au pinceau; ce serait déshonorer ton art, qui *n*'est pas un travail de miniaturiste; qu'elles soient un auxiliaire discret de ton modelé, mais qu'elles ne le constituent pas. Quelle différence y a-t-il, dis-moi, entre une assiette de porcelaine & un émail exécuté au pinceau sur fond blanc par un procédé de pointillé? C'est d'ailleurs, avec les ors, le dernier travail de l'émail : on peut, à la rigueur, faire ces deux opérations à un même feu, quand celle de l'or ne consiste qu'à tirer quelques traits sur les contours ou dans les cheveux. Il faut commencer par la couleur; puis, après l'avoir bien séchée, on trace les ors comme il suit.

DES ORS.

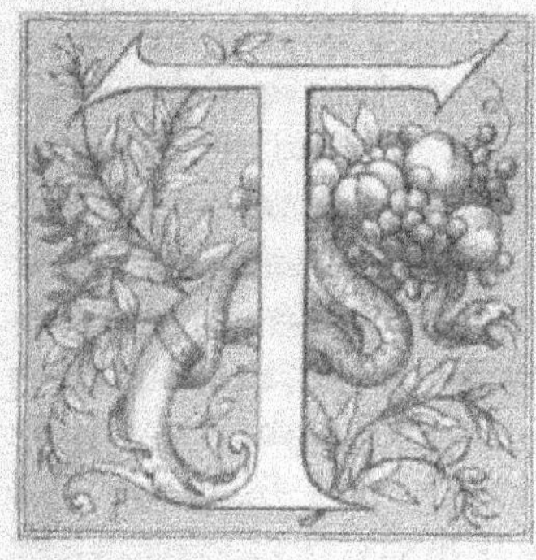

u retoucheras & tu enrichiras tes émaux de légers traits d'or. C'est généralement la dernière opération qu'ils aient à subir. L'emploi discret de ces retouches les égaye & leur communique un éclat, un fini & une grâce qui les complètent. C'est ainsi qu'on entremêle parmi les cheveux quelques traits déliés & hardis accompagnant les sinuosités des boucles & les mouvements des *mèches*, dont ils terminent les pointes avec précision & délicatesse. On en fait ce poil follet qui, s'échappant des masses qu'il illumine sur son parcours, vient s'enlever sur le fond de l'émail en ondes mignonnes & crêpelues, de cette façon si chère au bon Ronsard :

Un or frisé de maint crespe annelé.

Pétrarque avait dit :

Le crespe chiome d'or puro lucente.

A ce propos, je ne saurais trop insister sur ce point, qu'il entre dans cet art une certaine convention d'où découle sa poésie, & que vouloir le contraindre à représenter une réalité absolue, c'est pécher contre le bon sens & le bon goût tout à la fois.

Les passements, cannetilles, agréments, broderies, œillets, boutons & bordures des vêtements & ajustements, s'indiquent également avec de l'or, qui dissimule d'une manière heureuse les arêtes trop vives formées par la section des paillons. On en retouche les côtes & les bords des feuillages, les extrémités des pétales des fleurs, & en général tout ce qui comporte d'être relevé & bordé par une arête fine & brillante. On peut s'en servir aussi pour éclairer des parties lumineuses de vêtements colorés, ainsi qu'on le remarque fréquemment dans les émaux des premières années du XVIe siècle.

C'est avec l'or que s'exécutent les ornements en tous genres, nielles, arabesques, entrelacs, dentelles, chiffres & lettres, les nimbes des saints, les couronnes & les attributs héraldiques, les gardes ou lames d'épées, fers de lances, sceptres, caducées, torchères; les fonds pleins ou gravés; des draperies à ramages, brochées ou damassées, des franges, des fourrures, des nuées, des fumées & des flammes; mille autres objets pour l'exécution desquels ton goût personnel sera ton guide.

Enfin, tu pourras à l'aide de ce métal, en le modelant à la pointe, exécuter des portraits, comme celui de Jehan Fouquet conservé au musée du Louvre, & même des sujets entiers en camaïeu d'or, ainsi que nos bons maîtres anciens nous en ont laissé des spécimens.

Il convient d'employer l'or différemment, suivant le travail auquel on le destine. Si tu veux le mettre en grande étendue & le modeler, tu prendras le métal préparé à l'eau; si tu entends seulement faire des traits fins & déliés ou des parties modelées au putois, tu t'en serviras broyé à l'essence.

De l'Or employé à l'eau.

On vend le métal tout préparé dans des godets ou des coquilles chez les batteurs d'or. Il est convenablement amalgamé avec de la gomme qui lui donne du lien & de la consistance. Il importe que l'or soit extrêmement pur, si l'on veut qu'il soit inaltérable.

Si tu veux t'en procurer toi-même, prends de la monnaie d'or qui contient de l'argent & du cuivre, & fais-la dissoudre dans l'eau régale. L'argent formera un chlorure d'argent; tu le sépareras par lévigation. Quant au cuivre, il forme un chlorure de cuivre mêlé à celui d'or; du sulfate de protoxyde de fer opérera la séparation, & l'or se précipitera sous la forme d'une poudre brune que tu laisseras déposer. Décante le liquide, lave plusieurs fois à l'eau froide, puis à l'eau bouillante additionnée d'acide chlorhydrique. Lave de nouveau à l'eau bouillante, & tu auras une poudre d'or que tu feras sécher dans un bain-marie au-dessous de 100 degrés.

Cet or broyé sur une glace à l'eau légèrement gommée forme ce qu'on appelle l'*or en coquilles*.

Avant de l'appliquer sur ta plaque, veille bien à ce qu'elle ne soit pas grasse; l'or n'y adhérerait que difficilement, & l'eau qui, dans cette opération, est son véhicule, le ferait écarter en tous sens. Tu nettoieras donc ta plaque d'émail avec un peu de bon esprit-de-vin.

Surtout que tes pinceaux soient très-propres, ainsi que l'eau dont tu te serviras. C'est avec cet or que tu pourras modeler quelque sujet que ce soit, en égratignant avec une pointe, exactement comme les *aqua-fortistes* travaillent le vernis dont ils enduisent leurs planches. Si tu es un peu familiarisé avec la gravure à l'eau forte, tu exécuteras ce travail sans trop de difficulté. Là, tu n'as pas la ressource des morsures successives qui communiquent aux tailles le plus ou moins d'ampleur dont elles ont besoin pour l'effet cherché. Il faut donc procéder un peu différemment.

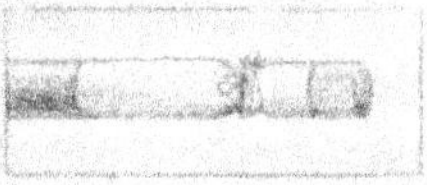

Tu commences par coucher ton or en à-plats assez corsés à l'aide d'un pinceau très-imbibé d'eau. Si tu veux avoir un or très-peu dense & comme effacé, sers-toi d'un putois, petit pinceau rondelet & courtaud, avec lequel on frappe l'or qui s'applique ainsi sur l'émail, très-divisé par les poils du pinceau. Plus tu frapperas, plus l'or deviendra rare & par conséquent foncé; & moins tu le feras, plus il sera abondant & par conséquent lumineux. Il faut agir promptement, car, une fois l'eau évaporée, l'or ne se laisse plus conduire. Lorsque ta couche d'or est posée & bien sèche, tu traces avec la pointe les principaux contours, &, balayant avec un blaireau la poussière d'or enlevée, tu fais, par une série de fines hachures, une teinte uniforme sur tout ton sujet. Cela te donne tout d'abord un ton de demi-teinte foncée. Chasse de nouveau la poussière d'or & pose les lumières au pinceau, par plans très-larges, faisant entrer celles-là dans les demi-teintes avec des tailles fines & un travail approprié au sujet. Indique fermement tes ombres, & à l'aide d'un pinceau moelleux chargé d'or tu accuses fièrement & avec esprit les touches & les points lumineux. Tu comprends qu'on peut obtenir ainsi toutes les dégradations du clair-obscur, en prenant le ton noir de la plaque & le ton lumineux de l'or comme les deux points extrêmes de la gamme.

Rien n'empêche de solidifier au feu chaque série de travail sur laquelle on doit revenir; mais cette précaution n'est absolument nécessaire que lorsqu'on entreprend une composition compliquée ou quelque figure de grande dimension.

Tu comprendras qu'en agissant comme je viens de te l'expliquer, & qu'en revenant plusieurs fois, par le même procédé, sur une partie ou sur le tout, on peut obtenir un modelé parfait, avec un travail fort analogue à celui de la gravure à l'eau-forte. Rien ne se traduit mieux ainsi que la fourrure & les étoffes. Rien ne fait meilleur effet, dans une belle composition d'émail, qu'un fond ainsi traité. Soit que l'artiste représente des montagnes aux anfractuosités spirituellement composées, soit une ville aux fabriques amusantes & aux ingénieuses perspectives, soit une foule animée de petits personnages grouillants dans le lointain & comme noyés dans un rayon d'or.

Ne néglige donc pas ce procédé & acquiers à

l'employer toute l'habileté possible. C'est du reste tout un apprentissage que la bonne dame Pratique tient enserré en son corsage. Il te faut le lui dérober. Travaille donc à part toi, & exerce ta main sans relâche à tourner & retourner cet or de toutes façons. Tu trouveras ainsi mille procédés qui te seront personnels & s'adapteront à ton tempérament. Mais, je te le redis & j'insiste là-dessus, exerce-toi sans cesse & cours la fortune des essais ingénieux, pour après en faire part aux autres, si tu es de libérale humeur & gentil homme.

De l'Or employé à l'essence.

Si tu veux faire des lettres, des entrelacs & en général des traits déliés & des linéaments ténus & prolongés, après les avoir bel & bien décalqués sur ta plaque, tu emploieras pour les peindre de l'or moulu broyé à l'essence.

On le vend en poudre, aussi divisé que possible, chez les batteurs de métaux précieux. Il convient que tu aies une palette de verre exclusivement destinée à l'usage de cet or. Tu la tiendras enfermée dans une boite, où elle se doit adapter convenablement, faisant une légère saillie, afin de pouvoir mélanger l'or avec l'essence à l'aide de la molette, & le ramasser avec le couteau, sans en barbouiller les bords de la boite.

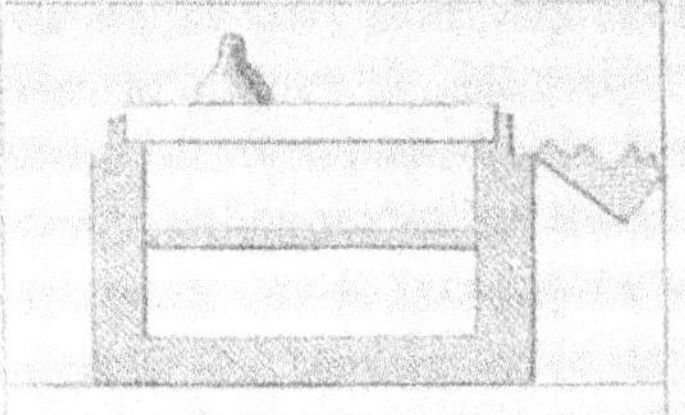

Il importe, quand celle-ci est fermée, que le fond du couvercle ne touche pas à la palette. Mets-y un ou deux tiroirs qui te serviront à serrer ton or en poudre, ton couteau, tes essences, les pinceaux & la molette. Cela suivant ton goût & ta fantaisie.

Sans doute, ces petites précautions ne donnent pas le talent, mais elles en sont comme les valets attentifs & zélés, & le mettent à même d'accomplir sa tâche libérale, lui évitant de s'abaisser aux fonctions serviles & de s'égarer dans le dédale du désordre matériel.

Pour tracer des filets, des lettres & autres ornements, tu prépares soigneusement ton or. Tu en déposes une pincée sur la palette, &, la mouillant d'une goutte d'essence grasse, tu la mélanges bien à l'aide du couteau. Verse une goutte d'essence maigre, donne un tour ou deux de molette, & ramasse le tout au milieu de ton verre.

Il faut que ce mélange soit glutineux, ni trop épais, ni trop liquide. Trop d'essence grasse, ton or n'aurait pas de corps & pourrait bouillonner; trop d'essence maigre, il coulerait. L'essence grasse se garde dans un flacon dont le bouchon de liége est traversé d'une petite tige de bois qui va jusqu'au fond de la bouteille. C'est avec cette tige qu'on dépose les gouttes d'essence sur la palette. Que le pinceau soit fin, un peu longuet. Pose ta main sur quelque planchette élevée d'un bon pouce au-dessus de ton ouvrage : les doigts sont ainsi plus libres dans leurs mouvements ; le pinceau, bien perpendiculaire à la plaque, se décharge mieux de l'or agglutiné par l'essence & ne traîne pas en se ployant sur l'émail, qu'il caresse doucement de la pointe. C'est ainsi que d'une main bien assurée tu traces hardiment les traits que tu veux faire & les sinuosités de tes lettres, entrelacs, nielles & ornements de toute nature. Tu comprendras qu'à vouloir te donner par des paroles le tour de main nécessaire à ce travail je perdrais mon temps & le tien. Acquiers-le donc par un patient exercice.

L'or à l'essence se putoise comme l'or à l'eau, & même avec une plus grande facilité, vu que l'essence se volatilise moins rapidement que l'eau ne s'évapore. On réussit ainsi admirablement les fumées & les nuages. En faisant sécher cet or sur un feu doux, on peut le gratter, mais jamais comme l'or en coquilles.

L'argent, le platine & même le cuivre peuvent se prêter aux mêmes procédés. Du mélange de ces métaux & de leur juxtaposition heureuse on peut obtenir les plus charmants effets. Cependant, le cuivre s'oxydant à l'air, je t'engage à ne l'employer qu'avec de grands ménagements.

C'est avec ces métaux & surtout avec l'or que tu feras tes inscriptions sur des fonds obscurs, te réservant de les peindre avec de la couleur foncée sur des fonds clairs. Occupons-nous donc de ces inscriptions, qui jouent dans notre art un rôle que les gens sans goût dédaigneront seuls.

DES INSCRIPTIONS.

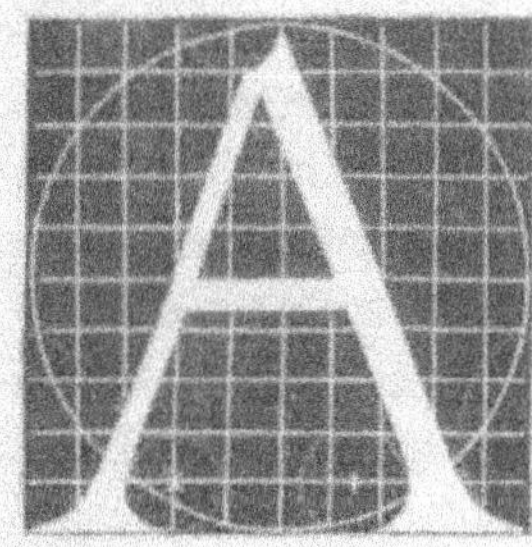

MI lecteur, tu as dû remarquer que les émaux des maîtres sont accompagnés de légendes qui leur donnent un lustre merveilleux & beaucoup d'esprit. Tantôt c'est le nom de quelque saint personnage, de quelque cavalier d'importance, de quelque savant homme ou de quelque dame vertueuse & belle, dont ils ont retracé l'image; tantôt quelque parole des Écritures, quelque cri d'armes, quelque moralité, quelque devise; tantôt c'est une sentence extraite des Pères ou des poëtes, illustrant, commentant, éclaircissant le fait, l'allégorie ou le symbole représenté.

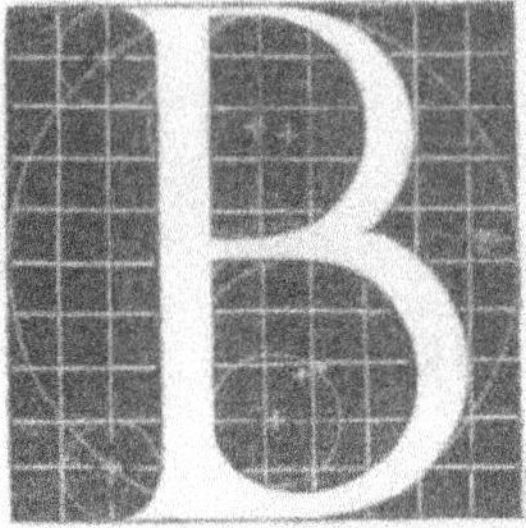

IEN malavisé qui ne reconnaîtrait le bon air & l'ornement singulier qu'ajoute à l'ensemble l'effet charmant produit par le réseau doré des lettres & des entrelacs finement configurés. Quiconque est doué du sens décoratif y attachera un grand prix & s'ingéniera pour y exceller, étudiant l'emploi qu'en ont fait les maîtres & y mettant du sien.

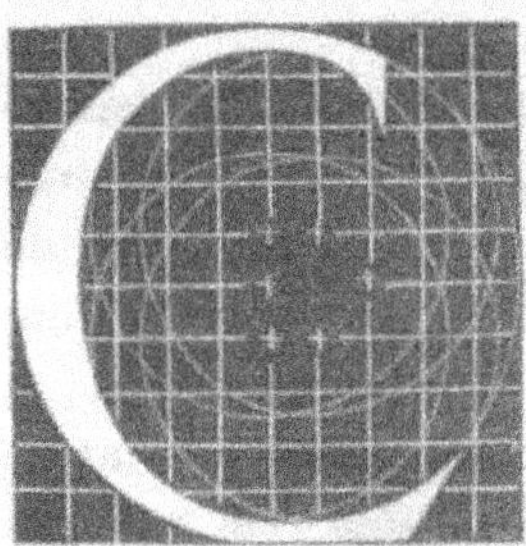

ERTES les Grecs sont gens d'importance en matière de goût; aussi, parmi les innombrables sortes de vases, ayant tous un nom propre & particulier, ils tenaient en singulière estime celui qu'ils nommaient γραμματικόν, parce qu'il était orné d'inscriptions. Athénée en témoigne tout au long dans son curieux livre des *Déipnosophistes*, citant les auteurs qui en font mention, & tu pourras en savoir des particularités dans Jansson Van Almelooven, Gisbert Cuper & Winckelmann.

L'antiquité, étendant cet usage, l'appliqua même à la peinture, & la tradition d'Ardices le Corinthien, & de Téléphanes de Sicyone, fut continuée à l'époque de Polygnote, tant par les peintres que par les sculpteurs, alors que l'art était dans sa belle maturité. On en retrouve des traces au moyen âge chez Buonamico Buffalmacco, le peintre aux bons mots & joyeux devis recueillis par Boccace & Sachetti. Albert Dürer, en pleine renaissance, payait encore tribut à cette vieille coutume.

Il est intéressant de voir combien la langue française, qui fut toujours si universelle, surtout celle de l'Ile-de-France & du domaine de la cour, fournit d'inscriptions aux objets d'art étrangers au moyen âge.

Au XVe siècle, quand tout renaît, que l'art & l'esprit marchent de front, les inscriptions & les devises décorent presque toujours les expressions plastiques.

Les chiffres, dont l'emploi date tout au plus du XIVe siècle, naissent avec l'M des Clisson, avec les SS des Lancastre. Depuis le chiffre à double entente de Henri II jusqu'à l'S barré d'Henri IV, naïf rébus désignant Gabrielle d'Estrées (S-trait), les esprits ingénieux ont inventé mille emplois de ces signes que d'habiles artistes ont traduits sous les formes les plus variées & les plus décoratives. Deviens comme eux expert à ces jeux graphiques. Imprime leur une belle & fière tournure. Crois-moi, cela ne déshonorera pas ton œuvre.

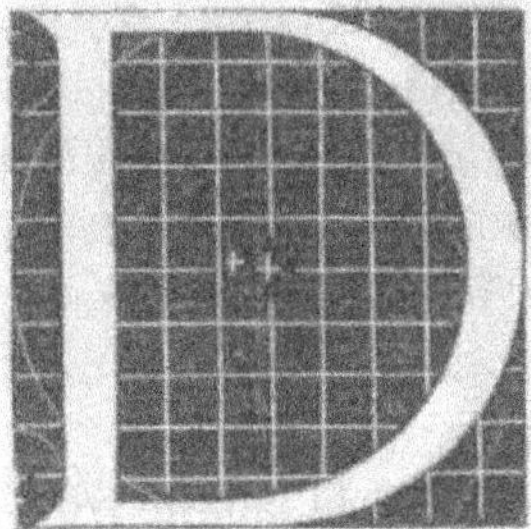

E leur côté, les Arabes n'ont eu garde de ne pas enrichir leur céramique de belles écritures, & les Italiens en ont fait un ornement capital de leur majolique. Les savants, dont la cour d'Urbin abondait, s'évertuaient à fournir aux potiers des fabriques ducales, les dits des excellents poëtes & des moralistes insignes. Nous ne saurions mieux faire que de suivre ces exemples. Mais, comme de toutes choses bonnes, il en faut user sobrement, avec une discrétion réfléchie & une délicate attention. A ce propos, garde-toi d'oublier cette sage maxime du vieux Pittacus : μηδὲν ἄγαν, *ne quid nimis*, autrement dit en bon français : rien de trop ; axiome fondamental pour tout homme de goût.

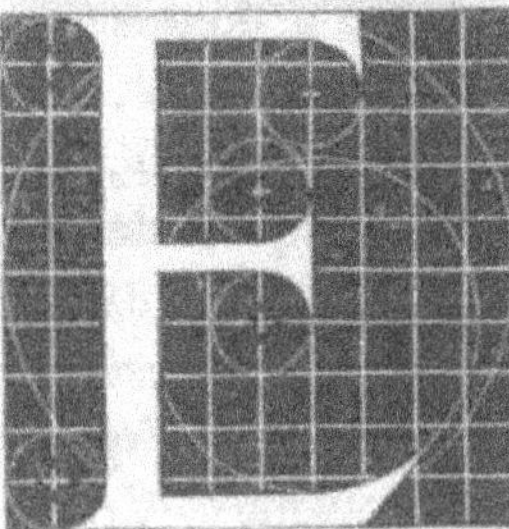

T c'est là surtout qu'il convient d'avoir étudié plusieurs belles formes de lettres, & de connaître pertinemment leurs vraies proportions, sans y aller à l'aventure. Car, suivre sa fantaisie sans avoir pour monture une bonne & certaine doctrine, c'est courir aveuglément sur les chausse-trapes.

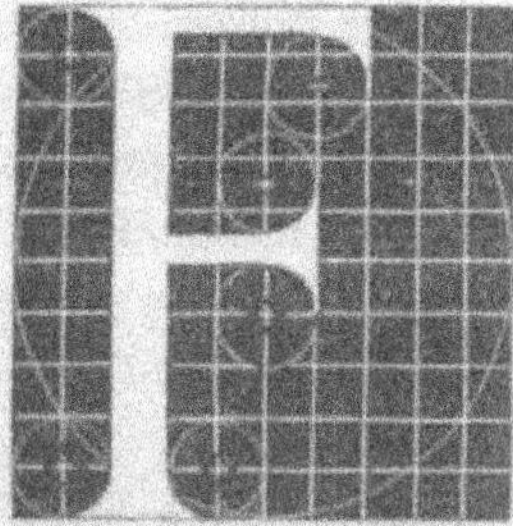

AIS donc en sorte de consulter les bons modèles, & sache que les lettres se font par raison géométrique, suivant l'ordre & la méthode qu'il faut tenir. Plus grands que toi l'ont fait jadis & ne l'ont pas trouvé indigne de leur savoir. Tu me croiras sans peine si je te cite Léonard de Vinci, Bramante, Albert Dürer & Jean Goujon. Hésiterais-tu donc à marcher dans une voie où te précèdent de si nobles guides?

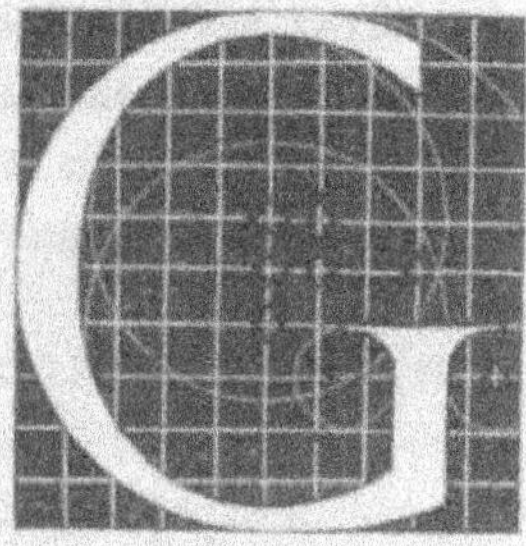

RAND nombre d'autres moins illustres, mais toutefois d'une insigne valeur, ont fait leur étude de l'art calligraphique & nous en ont traduit l'enseignement avec zèle. J.-B. Verini le Florentin, Sigismond Fante, noble Siennois, Ludovicus de Henricis de Vicence, J.-B. Palatinus, Fra Luca Pacciolo du Bourg-Saint-Sépulcre, Antoine & Pierre Tagliante de Venise & toute cette belle école d'Italie; l'Espagnol Juan de Yciar; notre Geoffroy Tory, Simon de Hayeneuve dit Simon du Mans, Claude Garamond, Clément Perret, Brabançon, Legangneur, Théodore de Brie & les Allemands Paul Fürst & Virgile Solis.

nous en ont laissé des traités. J'en oublie, & des meilleurs, entre autres Gérard Mercator, l'illustre cosmographe du duc de Clèves, l'élève en gravure de Gemma Frison, le philosophe, le mathématicien, qui, avec son ami Ortélius, affranchit la géographie du joug de Ptolémée.

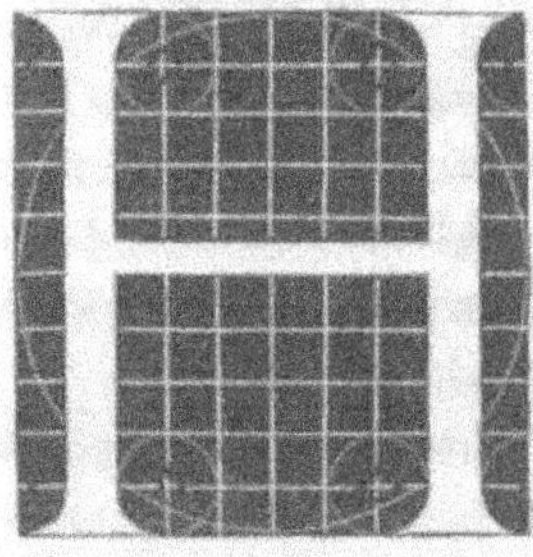

ONORE ces maîtres, visite leurs œuvres, copie & recopie leurs traits hardis, élégants & délicats, pénètre-toi de leurs principes : tu te feras ainsi une main exercée. C'est surtout en étudiant leur théorie que tu acquerras une pratique certaine, avec laquelle tu pourras, sans t'égarer, chasser toi-même dans le domaine de ta propre fantaisie.

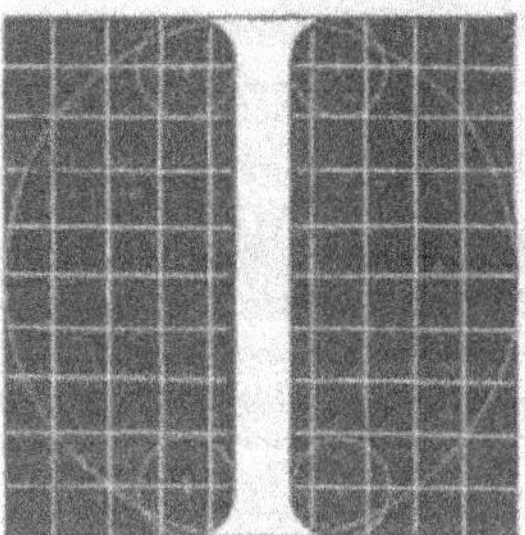

'ÉLIRAIS volontiers, pour suivre sa doctrine & me l'assimiler, le savant & ingénieux Geoffroy Tory. Ce n'était pas un si mince compagnon que ce régent de l'Université de Paris, cet imprimeur royal, dessinateur excellent, humaniste de premier ordre, cet émule de Jean Duvet, ce maître des Jean Cousin, des Delaulne, des Ducerceau, des Léonard Gaulthier, des Claude

Garamond, des Pierre de Woëriot, des Nicolas Chesneau & de tant d'autres. Si élégantes que soient les majuscules d'Albert Dürer, celles de Geoffroy Tory l'emportent par la justesse des proportions.

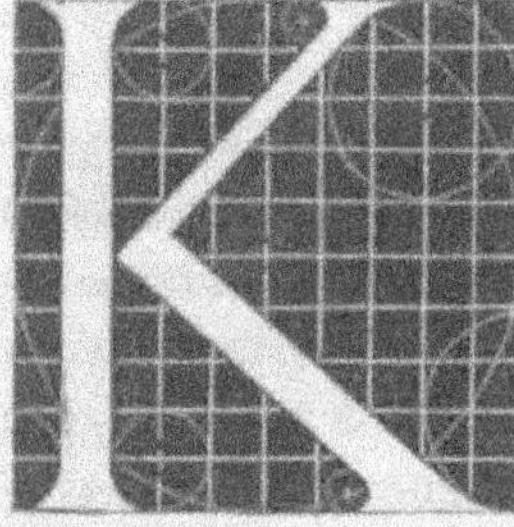

αλὸν κἀγαθόν, beau & bien, c'est vraiment la devise des hommes studieux de cette époque, tant ils ont su, même dans les choses les plus humbles du savoir ou de l'art, apporter de patientes recherches, de soins & de grâces. Que ce soit ta devise, ami lecteur, elle te mènera par le même chemin, je te le jure par la Vénus qui préside au verre.

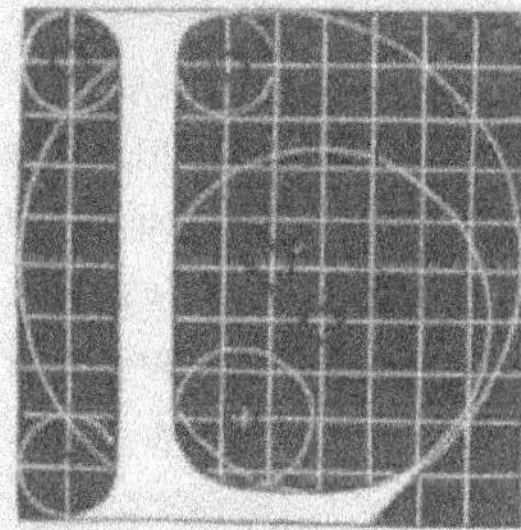

is donc & compulse attentivement le *Champ fleury, auquel est contenu l'art & science de la deue & vraye proportiõ des lettres attiques & vulgairement Lettres Romaines, proportionnées selon le corps & visage humain.* Tu y trouveras mainte belle chose, dont tu auras un plaisir extrême, si tu es, comme Geoffroy Tory le dit en son style & comme je te le souhaite pour ton propre bonheur, *un dévot & amateur des bonnes lettres.*

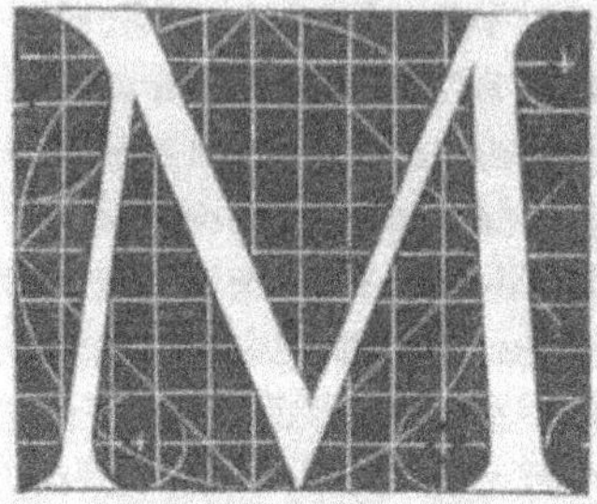

ALHEUREUSEMENT ce livre est d'un très-grand prix, car il est rare, mais on le communique pour rien aux bibliothèques publiques. Cependant, comme dame Fortune a permis que je l'eusse & comme je ne suis pas, suivant l'expression du bon maître, *ouvrier si ingrat & glout de son savoir, qu'il ne le voulust oncques enseigner à hommes*, je te mets ici ces lettres attiques selon leur ordre abécédaire, avec la manière de les bâtir en juste proportion géométrique. A la simple inspection, tu peux juger de leur belle tournure.

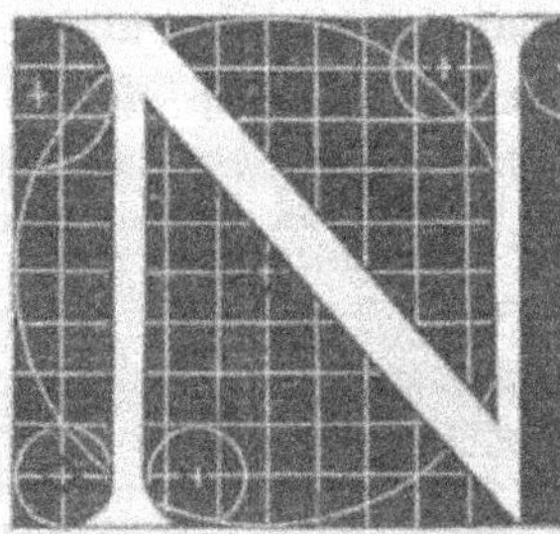

E te contente pas de regarder ces exemples comme ferait un enfant avec des images, mais trace cent fois sur le papier ce que l'auteur appelle *l'arène & place exercitative à faire lettres attiques de nombre & mesure*, & inscris-y ces lettres avec la règle & le compas. *Le compas le Roy & la reigle la Royne, c'est-à-dire, les deux plus nobles & souverains, & soubz lesquelz tous les autres utils & toutes choses bien ordônées, & deument faictes, sont raisonnables.*

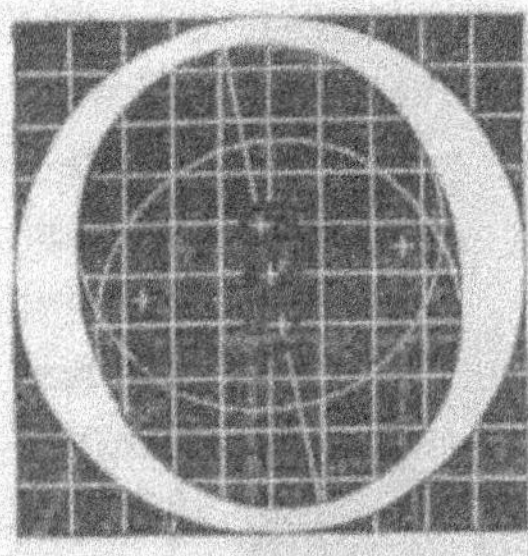

On peut augmenter ou diminuer ces lettres dans les mêmes rapports, grâce aux carreaux qui servent à les établir. Exécutées en or, en blanc ou en couleur, elles donnent une grande noblesse & une tournure très-distinguée aux inscriptions qui accompagnent des portraits ou des figures. Elles doivent te servir pour ainsi dire de charpente, si tu veux les enrichir de rinceaux ou de tout autre ornement, pourvu toutefois que ce soit dans une exacte proportion & sans changer leur forme rudimentaire, qui doit être respectée comme une espèce d'ostéologie inaltérable sur laquelle s'attacheront les enjolivements.

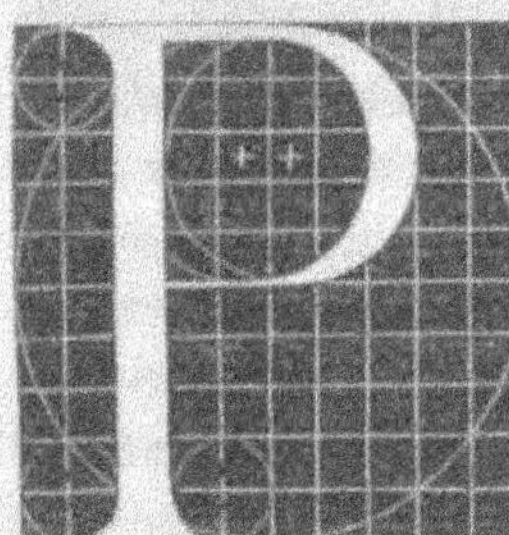

Pour les peindre sur ton émail, je pense que tu ne seras pas si simple de t'imaginer que tu les doives encombrer de toute cette géométrie ; mais tu traceras soigneusement sur du papier l'échelle de proportion, &, dressant ta lettre avec exactitude & précision, tu la transporteras à l'aide d'un décalque fidèle à l'endroit de ton travail où tu veux l'exécuter. Tu auras ainsi un résultat excellent.

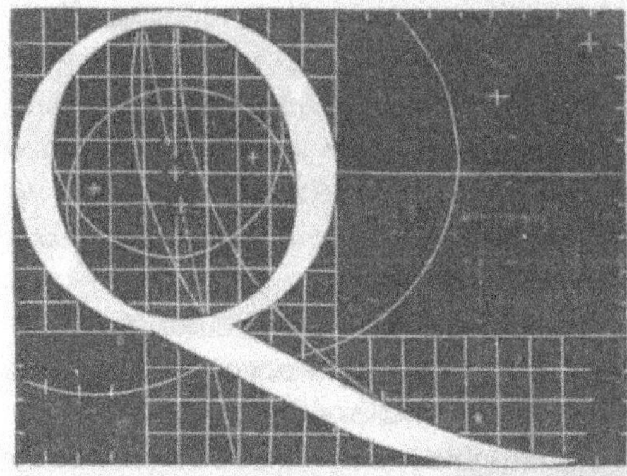

UELQUE plaisir que j'eusse pris à te donner d'autres alphabets de genres différents, & entre autres de minuscules, il m'a fallu pourtant m'en priver. Cela emplirait par trop ce livre, qui n'est pas un cours de calligraphie & n'y touche qu'incidemment. D'ailleurs, ces minuscules soumises à des règles moins sévères se trouvent en des traités plus répandus que celui de G. Tory.

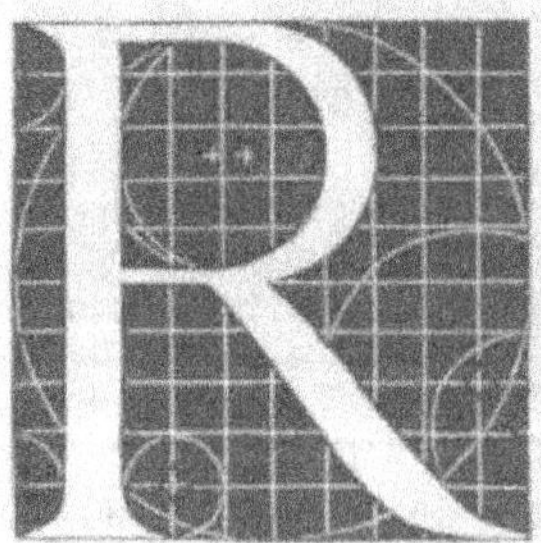

IEN n'empêche que tu fasses de cet art une étude spéciale, & je t'y engage fortement. Chez les Orientaux, Arabes & Persans, on ne saurait être un lettré de quelque valeur, sans le posséder à fond. Il y a là sans doute un abus; mais il est chez nous en sens inverse, &, parce que quelques grands hommes ont écrit comme des chats, bon nombre d'estimables personnes rougiraient d'avoir une belle main. J'admets que pour être un savant il n'est pas du tout nécessaire d'être calligraphe, mais il n'en est pas de même pour un artiste. Ainsi, les architectes ont la superintendance des inscriptions monumentales : or, de ceux pour qui l'art de tracer des lettres est véritablement lettre close on pourrait paver le purgatoire & donner un pendant aux bonnes intentions. Cela soit dit sans offenser personne, & d'ailleurs sous toute réserve.

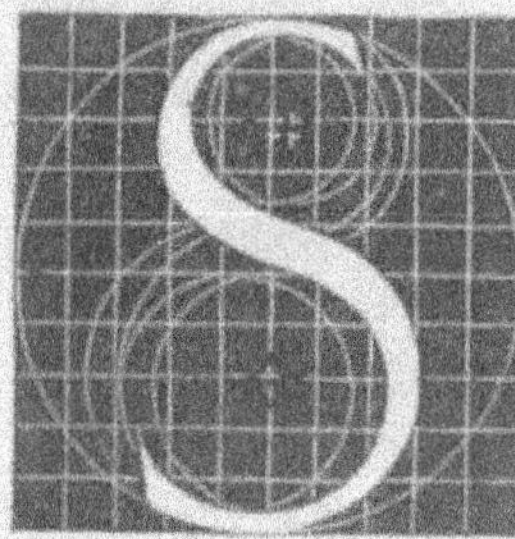

i donc tu es résolu d'étudier cet art précieux pour celui de l'émailleur, ne te contente pas des exemples que je te donne, mais, t'enquérant des auteurs qui ont traité de la calligraphie, applique ton entendement à leurs leçons. Surtout choisis bien tes guides, & n'oublie pas que c'est au point de vue décoratif qu'il faut considérer tes modèles. Par conséquent, ne les prends qu'aux bonnes époques, alors que le sens du beau s'épanouissait en toutes sortes de chefs-d'œuvre & qu'un sot système de hiérarchiser l'art n'écartait pas les talents d'élite des branches en apparence les plus modestes. Ne crois pas surtout qu'il faille traiter haut la main les théories qu'ont établies des esprits observateurs & d'une grande finesse dans leur naïveté. « Il vous convient Noter que les Lettres sont si Nobles & divines qu'elles ne veullent aucunement estre contrefaictes, mutilées ne changées de leur propre Figure. . . . qui mutile une Lettre de quelque Façon qu'elle soit, elle n'est plus Lettre, mais Grimace, ou chose si meschante qu'on ne luy sçauroit bailler assez competent Nom, qui ne vouldroit dire que ce fust ung Monstre. » Peut-être que cette indignation du premier des imprimeurs royaux te fera sourire; cependant, assure-toi que ce n'était pas un sot que ce vieux maître, si toutefois tu ne t'en es pas aperçu de reste, ou si tu ne veux m'en croire sur parole.

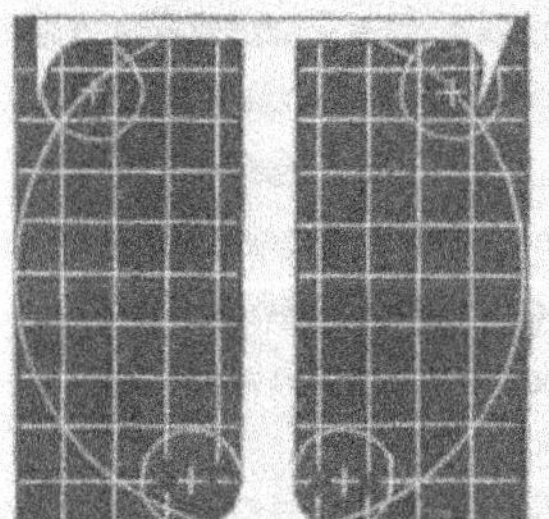

u trouveras dans le *Champ fleury*, outre ces lettres attiques, des alphabets grecs & hébreux; les lettres persiennes, arabiques, aphricaines, turques & tartariennes; les quatre façons des lettres françaises, cadeaulx, forme, bastarde & tourneure; les fantastiques, goffes ou impériales & bullatiques; les utopiques, employées dans l'*Utopie* de Thomas Morus; lettres caldaïques & lettres entrelacées: « la manière de faire chyfres qu'on a de coustume faire en Bagues d'or, en Tapisserie, en Vistres, en Paincture, & plusieurs autres manières, pour en signifier les

Noms & Surnoms du Seigneur & de la Dame; » enfin, lettres fleuries, « c'est à dire envirõnees de Fleurs & Feuiles Antiques pour en user à faire Lr̃e d'or, ou de couleurs en beaulx Liures, tãt escripts à la main, que faicts en Impression. » Je t'engage à ne pas t'en borner là & à pousser plus loin tes recherches. Rien n'est plus interessant, & comme dit encore notre Geoffroy Tory, « le passetemps est tres hõneste à vous y exercer. »

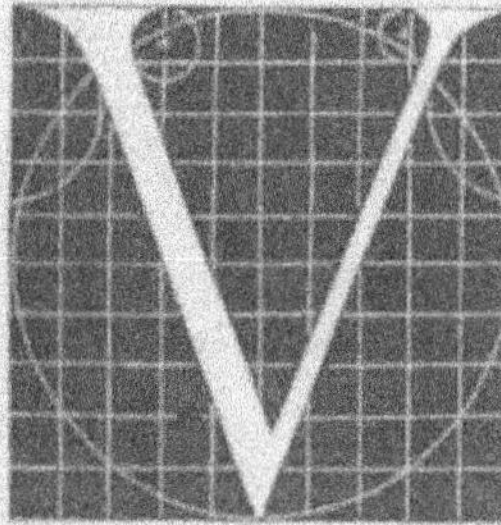

Voici quelques autres titres d'ouvrages qui pourront parfaire ton éducation à cet égard. Si tu parviens à mettre la main sur quelques-uns d'entre eux, en courant les librairies, fouille de bon cœur dans ton escarcelle & rapporte-les au logis; ce ne sera pas une mauvaise acquisition, encore qu'elle ferait un peu crier ta ménagère. Il y a d'ailleurs à faire, dans cette petite bibliographie, un choix qui dépendra de ton discernement. Bien sûr, tous les ouvrages que je te cite ne te sont pas nécessaires; cependant, abondance de bien ne nuit jamais.

Johan. Trithemi Poligraphia, 1518. In-f°.

La operina di Lod. Vicentino da imparare a scrivere lettera cancelleresca. Roma, 1523. In-4°.

Giovan-Battista Verini, seu de elementis litterarum, lib. IV. Firenze (circa 1527). In-4°.

Thesauro de' scrittori, opera artificiosa la quale insegna a scrivere diverse sorte littere, intagliata per Ugo da Carpi, 1535. Pet. in-4°.

Litterarum Latinarum quas Italicas, cursoriasque vocãt, scribendarũ ratio. Lovanij, 1540 (par Gérard Mercator).

Libro di M. Giovan-Battista Palatino, Roma, 1545.

Libellus valdè doctus, elegans & utilis, multa & varia scribendarum literarum genera complectens, per Urbanum Wyss, Tigurinum. Anno Domini 1549.

Arte subtilissima por laqual se enseña a escrivir perfectamente... por Juan de Yciar Viscayno. Çaragoça, 1550. In-4°.

Opera del Tagliente novamente composta cum gràtia nel anno di nr̃a salute 1554.

Perfetto scrittore di J. F. Cresci. Roma, 1560.

Libro nel quale s'insegna a scrivere ogni sorte di lettere, &c., opera di G. B. Palatino. Roma, 1561. In-4°.

Compendio del gran volume del ben scrivere tutte sorte di lettere per G. B. Palatino. Roma, 1566. In-4°.

Eximiæ peritiæ alphabetum complura graphica exemplaria continens...Clemens Perret Brabantius scribebat ætatis XX, anno 1571.

Essemplar di più sorte di lettere di M. Gio Francesco Cresci Milanese, scrittore in Venetia. In-4°. (Dédié à saint Charles Borromée, 1575.)

Arte de escrivir de Francisco Lucas, 1580. (Dédié à Philippe II, roi d'Espagne.)

Theatrum artis scribendi, varia summorum nostri seculi artificum exemplaria complectens, novem diversis linguis exarata. Iodoco Hondio celatore (1594).

Nova alphabeti effictio... Neue künstlicher Alphabet... durch die Brye FR ad mo^e. a° 1595.

Alphabeta & characteres, jam indè à creato mundo ad nostra usque tempora, p. J. Theodor & A. Israël de Bry. Francfort, 1596.

Legangneur (Guill.). La calligraphie, ou belle écriture de la grecque. Paris, 1599. In-4° obl.

Id. La Technographie, ou briéve méthode pour parvenir à la parfaite connaissance de l'écriture française. 1599. In-4°.

Id. La Rizographie, ou la source, élémens & perfections de l'écriture italienne. 1599. In-4°.

L'instruction de bien & parfaitement escrire par J. Lemoine. Paris. In-16.

Conjectural observations on the origin and progress of alphabetic Writing. London, 1772.

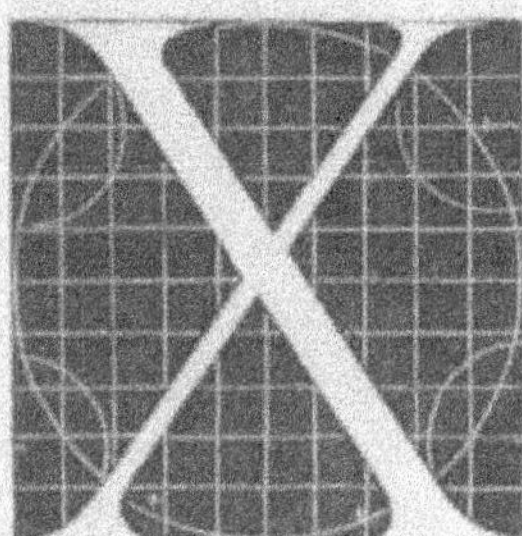

YLOGRAPHIÉS admirablement ou gravés sur cuivre avec une perfection achevée pour la plupart, ces différents recueils te fourniront abondamment tous les renseignements que tu pourras souhaiter. Majuscules & minuscules, lettres de somme allemandes du XVe siècle, lettres de forme d'où dérivent la bâtarde ancienne, la française, la flamande & l'anglaise; lettres de la chancellerie romaine, lettres des bulles apostoliques : ronde romaine, italique, aldine, cursives française, allemande, italienne, espagnole, flamande; cursive liée, lettres posées italiennes, lettres italo-françaises. En compulsant & en copiant ces traités, tu deviendras habile dans la théorie comme dans la pratique calligraphique. Les Hollandais en ont publié quelques-uns qui sont de véritables chefs-d'œuvre pour tous les observateurs exempts du pédantisme artistique, assurément le pire de tous. On peut hardiment donner le nom d'artistes aux écrivains qui les ont composés. C'est Clément Perret, Brabançon, qui, à l'âge de vingt ans, écrivit des exemples admirables; c'est Josse & Jacquemine Hondius, Goos, Houthusius; c'est le Parisien Jean de Beauchesne, les Anglais Pierre Bales & Martin, l'Italien Curione; c'est Hans van De Velde, très-excellent écrivain tenant école française à Rotterdam, Salomon Henrix, secrétaire de la ville d'Amsterdam, Félix de Sambix, *seigneur de la plume d'or;* c'est enfin la fille de Gaspard Beck, maître d'école à Delft, la jeune Maria Strick, à laquelle Monsieur Guillaume Sylvius, auditeur des garnisons de Heusden, & d'autres savants en *us*, firent des stances, des anagrammes & des sonnets.

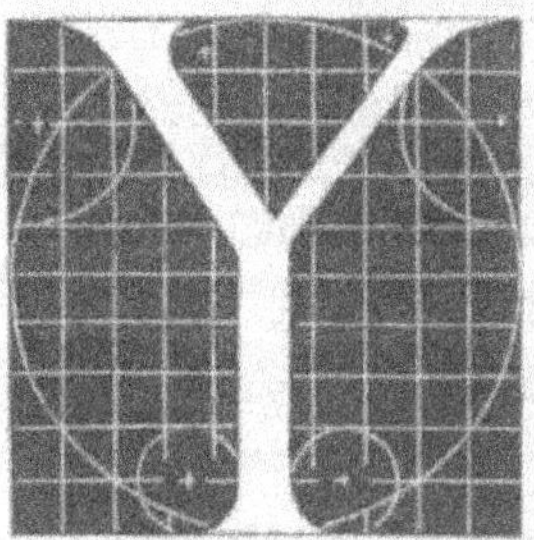

VEUX-TU exceller davantage, fais la connaissance des grands typographes de la Renaissance : les Josse Bade, les Robert Estienne, les Simon de Colines, les Plantin, les Dolet, les Sébastien Gryphe, les Guillaume Rouille, les Jean de Tournes, les Froben, les Adrien Turnèbe & les Alde. Admire les majuscules liassées du règne de Louis XII, les lettres entrelacées & fleuries, les beaux types royaux de Garamond, les majuscules allemandes du Nurembergeois Paul Fürst, les lettres grisailles aux rinceaux remplis, nourris & découpés avec art sur leurs tiges déliées, ou enlacées capricieusement de belles nielles de Venise. Je m'en tiendrai là sur ce chapitre. Ta patience & ta curiosité combleront le vide de mes incomplètes indications.

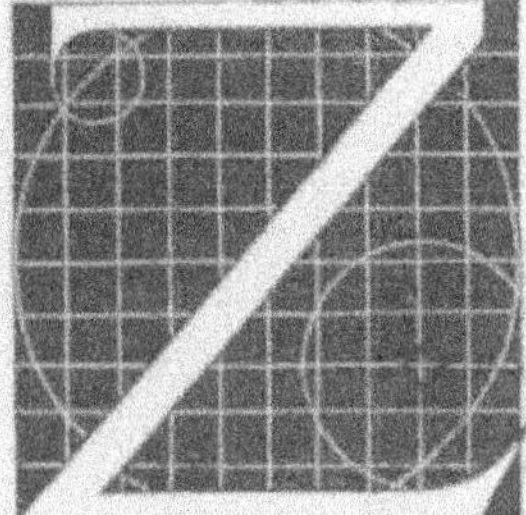

ÉLATEURS des nobles recherches, écrivains instruits & convaincus, qui mettez la lumière d'une critique impartiale sur la voie des bons travaux, Mécènes éclairés qui fécondez les rudes labeurs, amateurs épris des vieux arts de France, puissé-je avoir accompli ma tâche à votre satisfaction! Puissiez-vous tendre la main aux artistes vaillants qui répondront à mon appel, les soutenir, les encourager, diriger sur eux l'attention d'un public souvent plus affolé qu'ami des arts! Puissent vos applaudissements ragaillardir le cœur des bons opérants, votre estime & vos suffrages les rémunérer de leurs travaux!

Il fait bon en courir la fortune, & je te la souhaite, ami lecteur. Aussi, je veux pour cela que tu apposes ton nom sur ton ouvrage, car il faut que l'œuvre rende témoignage de l'ouvrier, & n'oublie pas que Phidias mit sa propre effigie sur le bouclier de Minerve Athénée. Passe donc une dernière fois au feu ton émail complété des dorures & des inscriptions qu'il comporte, & rends grâces à Dieu d'avoir mené à bonne fin ton entreprise, comme je le fais moi-même ici en terminant!

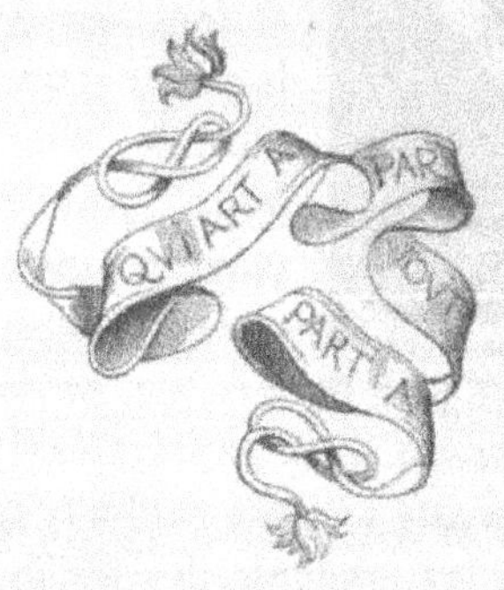

APPENDICE

APPENDICE

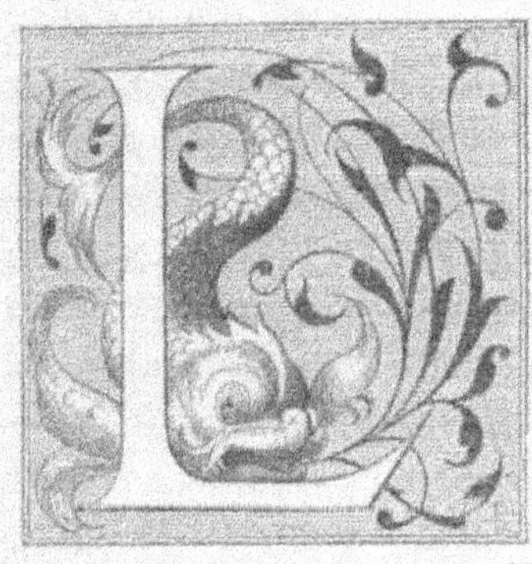

LES commentaires dont Blaise de Vigenère accompagne sa traduction française des *Tableaux* de Philostrate témoignent d'une érudition peu commune & de connaissances scientifiques fort estimables pour l'époque.

A propos du passage bien connu de la *Chasse aux bêtes noires*, dans lequel le rhéteur lemnien semble affirmer que l'émaillerie métallique soit une invention des Gaulois, le commentateur introduit un traité fort succinct de la composition & de l'emploi des émaux.

Les quelques citations que j'ai eu l'occasion d'en faire auront peut-être inspiré au lecteur le désir de le connaître *in extenso.* C'est pourquoi je le place ici. Blaise de Vigenère, qui naquit au commencement du XVIe siècle, a d'ailleurs connu les beaux temps de l'émaillerie limousine.

Je ne pense pas qu'il y ait lieu d'insérer à la suite de ce petit traité celui que René François introduit dans son curieux & incomparable *Essay des merveilles de nature & des plus nobles artifices, pièce très-nécessaire à tous ceux qui font profession d'éloquence.*

Dans ce charmant & spirituel *Gradus* des Bossuet & des de Thou en herbe, le bon prédicateur du roi compile Blaise de Vigenère sans daigner masquer son très - innocent larcin sous la paraphrase des vulgaires plagiats.

On connaît les quelques pages de Benvenuto Cellini sur l'émail. Les vagues renseignements qui s'y trouvent ne s'appliquent d'ailleurs qu'à l'orfévrerie.

Quant aux recettes que Jean-Baptiste Porta, assurément un des plus savants entre les polygraphes du XVIe siècle, a recueillies dans sa *Magie naturelle,* ce sont, avec celles de Mizauld & d'Alexis, de très-faibles documents entremêlés de puérilités. Je me contenterai donc, ami lecteur, de te donner le document de Blaise de Vigenère.

Voici sa traduction du passage de Philostrate & le commentaire qui s'y rapporte :

« Les chevaux puis apres où ils sont montez, sont tous de differends pelages : l'un blanc, l'autre faulve & moreau, & bay-ardant : garniz au surplus de mords & bossettes d'argent ; la bride & tout le harnois enrichy d'or & de differentes couleurs : car les barbares habitans l'Ocean les sçavent coucher (à ce que l'on dit) sur le cuivre venant rouge du feu, où puis apres elles se glacent & convertissent en un esmail dur comme pierre, gardans la figure au net qui y aura esté enduicte. »

COMMENTAIRE.

« Semblable chose à peu pres touche Pline au XVIIe chapitre du XXXIVe livre. . . . . . .

. . . . Par où il appert que les Gaulois de tout temps ont esté gens fort adonnez & industrieux ès œuvres metalliques, & autres partans de l'artifice du feu : dont les esmaux desquels Philostrate entend parler icy, tiennent comme le premier lieu, & se peuvent compter pour l'une des plus belles & gentiles inventions qui en partit oncques. Au moyen de quoy il m'a semblé n'estre point hors de propos d'en traiter icy un peu à loisir, selon la cognoissance & practique que i'en ay peu avoir en divers endroits de la terre, où i'en ay veu ouvrer : ayant esté fort curieux de m'en informer & instruire. Attendu aussi que dans les autheurs ne grecs ne latins, ne se trouve quasi comme rien de tous ces artifices, qui, par ce moyen, ou n'estoient point de leur temps, ou se sont esvanouys & perdus par la nonchallance d'en laisser quelque memoire à la posterité. Et entre autres choses la maniere de teindre ce pourpre ou escarlatte qui leur estoit en si grand pris & recommandation. Que si ceux qui ont mis la main à la plume eussent esté soigneux de laisser chascun en son endroit quelque petit eschantillon à la posterité de tant de belles choses qui sont (s'ils en avoient au moins la cognoissance) peries avec eux, nous ne serions pas maintenant en la peine de consumer le meilleur de nostre aage à les deterrer de ce profond sommeil ou goulphre d'oubliance; & pour en avoir encore si peu de certitude, que ce que nous en obtenons à la fin semble plus tost une coniecture en l'air & à la vollée, ou quelque devinement, qu'asseurance arrestée, à quoy l'on puisse prendre pied. Tout le fait doncques de l'esmaillerie depend des metaux & du verre: lesquels ioins & uniz ensemble par diverses proportions & manieres constituent l'esmail: car ces deux substances symbolisent beaucoup, & ont fort grande convenance l'une avec l'autre, encore que de prime face il ne le semble pas. Premierement, en ce que ce sont les derniers & plus accompliz chefs-d'œuvre; ceux-là de la nature, & cettuy-cy de l'artifice venant de l'action du feu; qui est comme opposé en droicte ligne à la chaleur naturelle procedant du Soleil : lequel estant continuellement occupé en la production des choses composées des quatre elemens, à assembler & unir les parties omogenées & uniformes, & en separer les eterogenées, estranges & corruptibles, tend par ce moyen tousiours à une perfection complete & finale en nature, qui consiste & s'arreste en l'or, sans pouvoir passer outre. Pour ce que c'est le plus esgal & proportionné, & par consequent le plus parfait de tous les corps elementaires, qui ne peult iamais estre corrompu par accident quelconque. Que cela soit ainsi, & que le Soleil tende tousiours pour son dernier but à faire de l'or, il est manifeste, en ce qu'à la derniere resolution de toutes choses, laquelle se fait par le feu, il se trouve de l'or. Car, bruslez ce que vous voudrez : herbes, bois, chair, linge, drap, & autres semblables materiaux où le feu peut mordre & avoir action. Des cendres sans y adiouster rien que ce soit, mais non pas sans artifice, se tirera de l'argent par une couppelle, outre celuy qui peut estre contenu au plomb, & de cest argent, quelque portion d'or au depart. Et combien que petite, neantmoins telle qu'on peut aiseément appercevoir qu'il y en a : en certains subiects plus, és autres moins. Comme doncques l'or soit la plus elabourée substance en l'action de nature ; le verre d'austre costé est le dernier ouvrage & effect que produise le feu :

lequel ne cessera iamais de separer & dissoudre les parties du composé elementaire, qu'il n'ait finalement fait du verre. Et lors il cesse son action, ne pouvant plus dissiper ne corrompre ce qu'il a procreé; seulement il le fait couller tout ainsi que le metal. Au moyen de quoy à bond droict l'or se peult dire le fils du Soleil (dont aussi il porte le nom) & le verre celuy du feu; sans qu'il y ait autre substance en toute la nature qui puisse invinciblement résister au feu, fors ces deux-cy; lesquelles constituent toute la latitude d'icelle; l'une au premier bout ou extresme, qui est la chaleur du Soleil; & l'autre au dernier, assavoir le feu; là, au lieu de s'esvanouyr & corrompre, au contraire elles se reiouyssent, affinent & amandent tousiours de plus en plus, comme en leur propre sphere & demeure. Le verre, au reste, & là-dessus les philosophes chimiques ont cherché l'Idee ou exemplaire de leur tant desiree pierre, comme dit Raymond Lulle en la Theorique de son testament, *vitrum sit tibi in exemplum huiusce rei.* Et Arnauld de Ville-Neufve avant luy en son Traicté de la nouvelle lumiere. *Quis ergo faciet talem aquam philosophicam? Certe dico quod ille qui scit facere vitrum;* le verre doncques est composé de deux substances, l'une vegetale qui est spirituelle & volatile, donnant fusion; l'autre minerale, corporelle & fixe, qui retient les parties ensemble, & empesche qu'elles ne se desassemblent & escartent; car le reste d'embas ne demourroit plus qu'une terre inutile & morte; *cui* (comme dit Geber) *nulla amplius fusio neque ingressus.* Et sont ces deux substances, la premiere participant d'eau & d'air, les deux elemens humides & volatils, l'autre de feu & terre, les deux elemens secs & fixes; ne s'abandonnantes iamais l'une l'autre, pour raison de la tres forte mixtion & contemperament d'icelles; ains demeurent à perpetuité iointes ensemble, exemptes de toute corruption & separation, quand elles sont parfaitement depurees & reduittes au dernier degré de leur affinement; autant du verre, comme de l'or. Ainsi la premiere de ces deux substances vitreuses vient d'une herbe appellee soulde ou salicor, qui croist le long de la marine en Espaigne, Provence, & en assez d'autres lieux encore. Les Arabes la nomment *chali,* qui est visqueuse & d'une tres forte composition pour un vegetal. Et combien qu'elle soit bruslée & reduicte en cendres qui sont ordinairement de nature fixe contre le feu, si s'en iroit elle neantmoins en fumee en une forte & aspre ignition, telle qui est requise pour fondre le verre, si elle n'estoit retenue avec du sable ou des cailloux. Toutesfois il y a des vegetaux qui portent leur sable & substance fixe avec eux, & sont suffisans & propres sans autre admixtion estrangere de faire du verre. A l'opposite il y a des sables aussi qui font le verre; tels que nous avons allegué cy-devant de Josephe, & que recite Pline au dix-neufvieme chapitre du cinquieme livre : & plus amplement, puis apres au vingt-sixieme du trente-sixieme. Mais celuy que nous appellons vulgairement le verre de pierre est le plus à propos de tous autres pour faire les esmaux; car de fougere ny de fousteau ils ne vaudroient pas beaucoup. Neantmoins pour l'esclaircir & purifier, & le rendre en ce cristallin que nous appellons, duquel on fait les glaces de miroüers, & les beaux verres de Venise; les pierreries contrefaites, & les esmaux tant clairs & deliez pour coucher sur le metal, que plus espoix pour appliquer aux ouvrages de terre; il faut premierement dissouldre la soulde dans de l'eau chaulde & la filtrer nect; car par ce moyen la crasse & ordure s'en separera. Puis evaporant l'eau, la congeller en une substance clèrenette qu'on appelle le sel alcali, & le mesler ainsi preparé, avec le sable ou cailloux preparez, *quoniam res præparata* (dit le philosophe Rhases) *rem præparatam facit.* Puis le reduire en verre au four des verriers. Alors on iette dedans du minium ou couleur qu'on appelle (c'est du plomb calciné rouge) le laissant au mesme four par six ou sept iours; car les deux premiers il rend le verre iaune, les deux autres d'après verdastre. Et de là s'en va deschargeant peu à peu, iusques à ce que finalement il devienne clair & transparant comme l'air. Ce cristallin ainsi affiné & purgé, est le subiect des pierreries contrefaites & des esmaux, pour lesquels il le faut assembler avec une chaux métallique qui est faite de deux parties de plomb & une d'estain de Cornoaille, bien calcinez ensemble au four de reverberation au semblable ; car l'estain est ce qui donne corps à l'esmail, c'est-à-dire qui le fait opaque sans transparence ; plus ou moins selon qu'il y en aura. Et le plomb ioint le metal avec le verre, car il est le mediateur de ces deux substances, & sans luy l'or principalement, l'argent ne l'estain, ne guere d'autre metal, ne se pourroient vitrifier. Il faut doncques prendre du cristallin dessus-dit, & de cette chaux, laquelle on appelle commune, autant de l'un que de l'autre, en poudre tres-deliee, & les empaster ensemble avec un peu d'eau en forme d'un petit pain fort plat, laissant un trou au milieu pour faire evaporer l'humidité tout à l'aise ; puis le laisser seicher par deux iours, & mettre au four de verrier tant qu'il semble qu'il se veuille fondre. Tirez-le lors, & laissez refroidir, & le mettez apres en un creuset, & le creuset dans un pot à verre, & faittes-le fondre, ostant la graisse & ordure qui surnagera au-dessus, puis laissez-le affiner par vingt-quatre heures.

Voila l'esmail blanc qui est propre à faire tous autres esmaux, car il est susceptible de toutes couleurs & teinctures, en cette sorte : Prenez cinq livres de cest esmail,& autant du verre cristallin dessus-dit; broyez-les bien tous deux ensemble, & les meslez, puis les mettez dans un pot à fondre au four des verriers. La couleur noire s'y adiouste avec du saphre & du pierigot, autrement manganese, à discretion autant de l'un que de l'autre, bien calcinez. Si vous la voulez encore plus belle, mettez-y la dix ou douzieme partie de mine d'estain bruslée avec du soulphre selon l'art. Mais le bel azuré turquin se fait par le moyen de l'argent bruslé avec du soulphre. Le vert, avec du cuivre bruslé par cinq iours en lamines tenues. Et s'il n'est bruslé qu'une fois, il ne fait aussi qu'un verd d'oye, tirant sur le iaune. Donnez-luy quelque portion d'autre cuivre bruslé par trois fois, il fera verd d'esmeraude transparent, s'il est seul, sans y avoir adiousté la chaux dessus-dite de plomb & estain. Les reïterations de ces bruslemens se font en abreuvant la chaux de cuivre avec du vinaigre; & puis l'ayant desseichée à lent feu, le mettre au four de reverberation par trois iours. Le bleu, le viollet & le gris se font avec le saphre, diversement dispensé & administré, car toutes ces couleurs partent d'un mesme estoc & fondement; & celle des turquoises aussi, moyennant quelque peu de cuivre bruslé. La couleur & le lustre des perles s'introduit dans le cristallin par le moyen du salpetre ou du sel de tartre, lequel fait encore mieux cest effect que l'autre. Suivent puis apres les quatre couleurs, qui, de degré en degré, se viennent finablement terminer au rouge clair, le chef & parangon de tous autres esmaux. Et premierement le jaune paillé, qui se fait sur le verre & esmail avec de l'argent, qui produit aussi de l'azur estant bruslé avec du soulphre; mais il n'est pas bien à propos ny assez seur pour persister en la rigueur & aspreté du feu. Puis est le iaune doré, orangé ou citrin, qui vient de la rouïlle de fer, & mesmement des ancres, & autres tels ferremens rongez de l'acrimonie de la marine, ou bien de la limaille d'iceluy reduite en *crocum* (ainsi qu'on l'appelle communement) par des dissolutions en du vinaigre distillé, y adioustant un peu de sel armoniac; & apres sa congellation le tenir à un feu de reverbere par trois ou quatre iours. Car tant plus les couleurs des esmaux auront senty & enduré le feu, tant plus aussi seront-elles naïfves & permanentes. Le pourpre, l'incarnat & le rouge partant tous d'une mesme racine qui est le rouge, aussi bien comme és tintures des escarlattes & cramoisiz dont nous parlerons cy apres. De maniere que ces quatre couleurs en l'esmaillerie & vitrification nous sont representees par ces quatre pierres : la topasse, jacinthe, amathiste & rubis. Pour doncques commencer au rouge de couleur de grenat, il se fait sur le verre & esmail, avec du cuivre calciné & de la limaille de fer fonduz ensemble à forte expression de feu, y adioustant un peu d'orpiment pour les faire couler; & tant plus il y aura de verre, tant plus il sera incarnat aussi. Tant plus de couleur & de chaux de plomb (car il n'y faut point d'estain), tant plus il sera obscur & chargé. Mais ce qu'on appelle le rouge clair, qui est si rare maintenant & cogneu de tant peu de gens, il ne se fera pas sans or & sans argent vif, fer, plomb, & l'esprit de cuyvre. Car il ne faut pas que le corps de ce dernier metal cy, qui est aucunement fixe, y entre, mais seulement son soulphre incombustible, qui est sa teincture, si haulte en couleur, qu'elle gradue l'or bien plus hault que nature ne l'a mené, voire qu'il vient par là à se faire comme de couleur de rubis : tellement que ietté sur son poix d'argent preparé, il le colore en or iusques à vingt-deux caratz, & encore plus. Neantmoins cette teincture n'est pas permanente au feu, si elle n'est pas auparavant fixée par artifice, & accoustumée peu à peu à l'endurer; tout ainsi que l'on fait en de l'argent de glace, & aux autres minieres de metaux, que la nature n'a encore conduittes à leur dernier degré d'accomplissement. Cela se fait par le moyen des esprits & substances volatilles, en incorporant cest or ainsi teinct avec du mercure, & les descuisant peu à peu ensemble. Car le mercure deffend les teinctures de toute adustion; & venant puis apres à la mettre en l'aspreté du feu, il supporte (comme plus exposé à l'action d'iceluy) son effort, cependant que la teincture s'incorpore & se mesle uniformement avec l'or. Cest or ainsi teinct est le vray fondement des feuilles de rubis; car les communes qui se font avec vingt caratz d'or fin, chasque carat de quatre grains, seize d'argent & dix-huict de cuyvre en corps, n'arrivent pas à une telle perfection, que quand le cuyvre est en esprit introduit dedans l'or, à cause des noirceurs & lividitez obscures dont participe le cuyvre estant en toute sa substance, quelque polissement que l'on puisse donner en les battant subtilement, les remirant & reparant avec un rasouer d'un fort grand soin & diligence. Certains lavemens de gomme, sel & eau, y entremeslez; puis les brunir de l'un des costez avec l'amathiste noire, & les recuire de rechef du costé qu'elles ne sont point brunies, à un feu clair & legier. Là où cest or teint avec la pure essence du cuyvre, peut suppleer à tout cela de soy-mesme, & encore mieux, & plus beau mille fois. Car c'est le vray Electre des Anciens, tant prisé & estimé d'eux-mesmes, en Ezechiel, & autres lieux de l'Escripture : dont se peuvent faire des couppes & autres vaisseaux qui, soudain, manifesteroient le poison qu'on y voudroit mettre : ce que l'or ne peut ainsi qu'il est en sa nature; d'autant qu'il resiste à tous les sublimez, realgars, arsenics, &, en general, à toutes substances les plus fortes & corrosives. Au contraire, il s'y plaist & s'en resiouyst, & ne s'en faict que mocquer, car ils n'ont aucune puissance ny action sur luy. L'or doncques ainsi preparé, est le principal fondement du rouge clair, avec les autres ingrediens des susdits. Mais cette grande teincture ne s'y pourroit pas arrester, sans l'assistence & secours du mercure & de l'orpiment, lequel fait soy seul des rubiz qui font presque honte aux naturels, s'ils n'estoient ainsi tendres & aisez à casser. L'or au reste ne se pourroit iamais vitrifier sinon par le moyen du plomb, qui est celuy seul en toute la nature qui a la faculté & pouvoir de le ietter hors de son estre metallique & l'admener en disposition de verre ; voire de le rendre volatil & en huile. Lequel verre d'or, ou or vitreux, n'est pas de si peu de mystere & secret, que sainct Jean en l'Apocalypse n'en ait fait mention par deux fois, au vingtunième chapitre, καὶ ἡ πόλις χρυσίον καθαρὸν, ὁμοία ὑάλῳ καθαρῷ. *Et la cité d'un or pur, semblable à du verre clair & nect.* Puis au-dessous : καὶ ἡ πλατεῖα τῆς πόλεως χρυσίον καθαρὸν, ὡς ὕαλος διαφανής. *Et la place de la ville estoit or pur, comme verre transparent.* Mais cecy est d'un autre propos. Au moyen de quoy pour passer à ce qui reste du fait des esmaux, la nelleure qui a esté autrefois en plus grand usage qu'elle n'est maintenant se fait avec une once d'argent fin, deux onces de cuyvre bien purgé, & trois de plomb. Il faut premierement fondre l'argent & le cuyvre ensemble, à feu de soufflets, puis y adiouster le plomb,

& les remuer avec un charbon, afin que le plomb iette son escume & que ces trois metaux s'incorporent bien. Apres il est besoin avoir un pot de terre gros comme le poing qui ait la bouche estroicte, à y mettre le poulse tant seulement & l'emplir à demy de soulphre vif, du plus noir que vous pourrez recouvrer, broyé en menue poudre; puis ietter dedans les trois metaux dessus-dits bien fonduz; bouchant l'ouverture du pot avec de l'argille & du drappeau par-dessus; & remuer le tout avec les mains iusqu'à ce qu'il soit refroidy, afin de bien mesler & incorporer le tout ensemble. Car quelque diligence que vous y puissiez faire, la matiere ne lairra pour cela de se separer en grenaille, & on la veut avoir en masse le plus qu'il est possible. Rompez le pot, & mettez cette composition à fondre de nouveau en un creuset, iettant dessus un gros ou deux de borax, & reïterez de la fondre ainsi, iusqu'à ce que le rompant, le grain d'icelle vous plaise. Voilà ce qu'on appelle nelleure; qui s'applique sur l'argent principalement, & sur l'or aussi (aux autres metaux non) en cette sorte. Faites premierement bouillir par un bon quart d'heure, en une lessive faitte d'eau commune & de cendres de chesne, ce que vous voudrez neller : puis le nettoyez bien avec une broësse & de l'eau froide. Rompez votre nelleure en pouldre sur un marbre, mais ne la broyez pas, tant qu'elle soit comme gros grains de millet, & non plus desliee,

& lavez-la bien avec de l'eau nette dans quelque vaisseau de verre, puis l'estendez avec une petite palette de leton ou de cuyvre sur l'ouvrage entaillé, à l'espaisseur d'un dos de cousteau, le saulpoudrant d'un tant soit peu de borax bien broyé. Ayez lors une petite flamme de buchettes toute preste, là où vous ferez chauffer peu à peu vostre besongne, que la nelleure se fonde, mais doucement & à fort petit feu, de pœur que l'or ou argent où elle est appliquee se venant à rougir par trop de challeur, la composition qui est la plus part de plomb ne les fist fondre & couller, car ce seroit à recommencer. Et quand la matiere viendra à se fondre tout doucement comme cire, il la faut estendre & unir sur la graveure à tout un fil de fer un peu chauld par le bout; & apres estre le tout refroidy, limer doucement la nelleure & la pollir avec du tripoli & charbon broyez menus. Quant aux autres esmaux, on les applique sur l'or, l'argent & le cuyvre (sur les autres metaux non), sur le verre & la terre. On a trouvé encore puis nagueres le moyen d'esmailler aussi sur les marbres, & autres telles pierres dures, & de recuire l'esmail dessus, sans les gaster ne corrompre au feu. La maniere doncques de coucher les esmaux sur le metal est telle, lesquels sont ordinairement de ces couleurs-cy : noir, verd, viollet, tané, gris, aigue-marine & rouge cler; tous lesquels sont transparans, hormis le blanc & le turquin qui ont corps. Il faut en premier lieu battre bien l'esmail en pouldre impalpable, au contraire de la nelleure, qui veut estre en grenaille: comme nous avons desia dit, & ce dans un petit mortier d'acier propre à cela, avec le pillon de mesme; y adioustant un peu d'eau; car il est ainsi meilleur que de le broyer sur le marbre. Puis vuider & mettre ceste desliee pouldre en une tasse de verre & autant d'eau-fort par-dessus qu'elle le cœuvre, le laissant ainsi par un demy quart d'heure, & verser le tout dans une petite fiolle, avec de l'eau commune bien nette, le demenant ensemble, & reïterant de le laver iusqu'à ce que l'eau en sorte clere, car l'eau-fort le purge de la graisse & onctuosité du metal imparfait, & l'eau commune de la terre qui y pourroit estre meslee. Faut puis apres est adverty de tenir tousiours les esmaux broyez en de l'eau nette, dans un vaisseau clos & couvert, de pœur que l'ordure n'y entre; car demeurans à sec ils se gasteroient facilement : & cognoistre bien la nature d'iceux. Car il faut nommement que quand ils sont appliquez, & qu'on les met recuire, ils fondent tous à une fois, autrement l'affaire n'iroit pas bien. On les prend avec la pallette de cuyvre pour les coucher dans l'ouvrage de basse taille, d'une grande diligence, qu'ils ne se confondent ensemble, se respandans l'un parmy l'autre; fesant preallablement bouillir la besongne dans une lessive ou cendree, comme en la nelleure. On doibt estre aussi adverty, à mesure qu'on les couche, d'autant que l'esmail se porte trop mieux estant sec que mouillé, d'avoir du papier broyé mol comme du cotton, & le tremper dans de l'eau, puis l'espraindre afin qu'elle en sorte toute : & avec cela desseicher les esmaux à mesure qu'on les couchera, tout ainsi qu'avec une esponge. Cette couche est appellee la premiere peau, laquelle appliquee, on met ladite besongne sur une petite lame de fer à la bouche d'un fourneau approprié tout expres à cela. Et les faut ainsi laisser chauffer peu à peu, puis les pousser plus en dedans, prenant bien garde quand l'esmail voudra faire semblant de bransler (car il ne le faut pas laisser fondre tout à fait) de le retirer hors du fourneau, & le laisser refroidir doucement à la bouche, puis lui donner la seconde couche & faire tout ainsi qu'en la precedente : hors mis qu'il lui est besoing de luy donner plus fort feu. Et reïterer ainsi iusques à ce que l'ouvrage soit achevé de remplir : renouvellant à chasque fois de charbons, si que le feu soit tousiours clair. Finablement luy donner bon feu, autant que l'or le peut comporter sans se fondre : puis le tirer peu à peu, & le laisser refroidir fort à loisir, & quand il sera froid, le frotter avec une pierre propre à cela, & l'achever de pollir avec le tripoli, lequel polissement, qui est le plus seur, s'appelle pollir à la main :

car il y en a une autre maniere qui se fait ainsi. Apres que l'esmail a esté frotté & subtilié avec la pierre tant qu'il soit transparent, & bien lavé en de l'eau, on le remet sur la platine de fer au fourneau, & laisse eschauffer peu à peu : à la fin il le faut pousser dedans, que l'esmail fonde & demeure fort pasle. Mais d'autant que cela leur est propre, de se retirer tous au feu, il ne demeure iamais si esgal & uni ainsi, que quand il est polly à la main. Que si l'on vient à esmailler quelques ouvrages de plein relief, ou à demy bosse, pour ce que l'esmail ne peut si bien prendre & tenir là dessus comme dans le creux qui est entaillé, il faut remedier à cela en cette maniere : prenez des pepins qui sont dans les poires, & les mettez tremper par une nuict en de l'eau clere, dans un vaisseau de verre, & avec une goutte de cette liqueur, qui est en forme de mucilages, arrousez les esmaulx quand vous les voudrez coucher, car elle les gardera de couller : faisant au surplus comme cy devant il est dit. Tous ces esmaux & manieres d'en user, vont indifferemment sur l'or, l'argent & le cuyvre; mais le rouge clair ne prend sur autre chose que sur l'or; bien est vray qu'il y a une autre maniere de rouge plus grossier, que reçoit l'argent & le cuyvre. Cela denote assez que la composition principale du rouge clair part de l'or & de l'argent vif, qui est amy de l'or, plus que de tous les autres metaux, lesquels surnagent à l'argent vif; & un grain d'or tant seulement soudain que vous l'approcherez de l'argent vif, ira se cacher dedans & sera engloutty tout incontinent d'iceluy. Le rouge clair doncques ne mord que sur l'or, & si la maniere de l'appliquer est tout autre. Les anciens ne l'ont point cogneu, & fut trouvé n'y a pas longtemps, fortuitement (ainsi presque que la plus part de tous autres tels artifices) par un orfevre qui se delectoit d'alchimie, & cherchoit à faire de l'or, au lieu duquel il trouva au fond du creuset une loppe vitriffiée, de couleur d'un rubis fort plaisante à l'œil. Mais cela s'est perdu depuis : & est bien mal aisé de le redresser maintenant; car les princes & grands seigneurs ne veullent rien despendre apres ces belles & rares inventions, ce qui fait que les arts & sciences, qui par quelque temps s'estoient resveillés, se vont de nouveau r'endormir en un profond somme d'airain; voire se rendre dans le sepulchre par de longues revolutions de siecles. Car nous touchons desia du doigt à l'ignorance & barbarie, & n'y a pas gueres grande esperance que la posterité puisse suivre ne continuer les erres trassees par ses peres. Le rouge clair doncques a cecy differend d'avec tous les autres esmaux, que quand on le tire du feu, il faut que ce soit tout à coup, & l'esventer avec un soufflet, pour le faire refroidir au plus tost qu'il se peut; car il a cette proprieté que quand il se fond à cette derniere fois, il devient si iaune qu'on ne le sauroit presque discerner d'avec l'or (cela s'appelle ouvrir), tellement qu'il s'en fait aussi une maniere d'esmail iaune doré, ou citrin transparent, lequel est fort beau. Mais pour luy faire reprendre sa naifve rougeur, apres qu'il sera refroidy il le faut remettre au feu lent, & le laisser ainsi peu à peu, tant que vous le voyez en l'estat que vous demandez : & là dessus le tirer soudain & refroidir avec le soufflet. Car le trop de chaleur rendroit sa couleur si chargee qu'il en deviendroit comme tout noir & obscur. VOILA ce qu'il nous a semblé n'estre point hors de propos d'inserer icy des esmaux, selon l'instruction que nous en avons peu avoir allans çà & là par le monde. Car peut estre ils ne seront pas tousiours ainsi cogneux & en tel usage qu'ils sont ; tellement que cecy pourroit venir quelquefois en ieu, pour en renouveller la cognoissance. »

Tel est ce petit traité qu'on peut lire tout au long dans : *Les images ou tableaux de platte peinture de Philostrate Lemnien sophiste grec, mis en françois par Blaise de Vigenere avec les argumens & annotations sur chacun d'iceux. Paris, MDLXXVIII* (p. 239 & suiv.). Tu en tireras le parti que tu pourras.

Sur ce, ami lecteur, qui m'as bien voulu suivre

jusqu'ici, je te dis adieu. Si ce modeste travail porte ses fruits, s'il aide au mouvement accusé déjà vers l'art très-national de l'émail, mon but aura été atteint. D'autres traités purement techniques ne tarderont pas à voir le jour, & je serais bien surpris que des hommes spéciaux & entendus, des chimistes habiles & autorisés, ne s'en préoccupassent déjà.

Les artistes sont favorisés à notre époque : les savants vont au-devant de leurs besoins. Aussi, n'est-ce pas au laboratoire qu'il faut aller tout d'abord, mais à l'école où l'on dessine ; c'est là qu'il faut courir & demeurer longtemps, retourner toujours.

TABLE DES MATIÈRES

TABLE ANALYTIQUE

* *
*

PARIS. — J. CLAYE, IMPRIMEUR, RUE SAINT-BENOIT, 7.

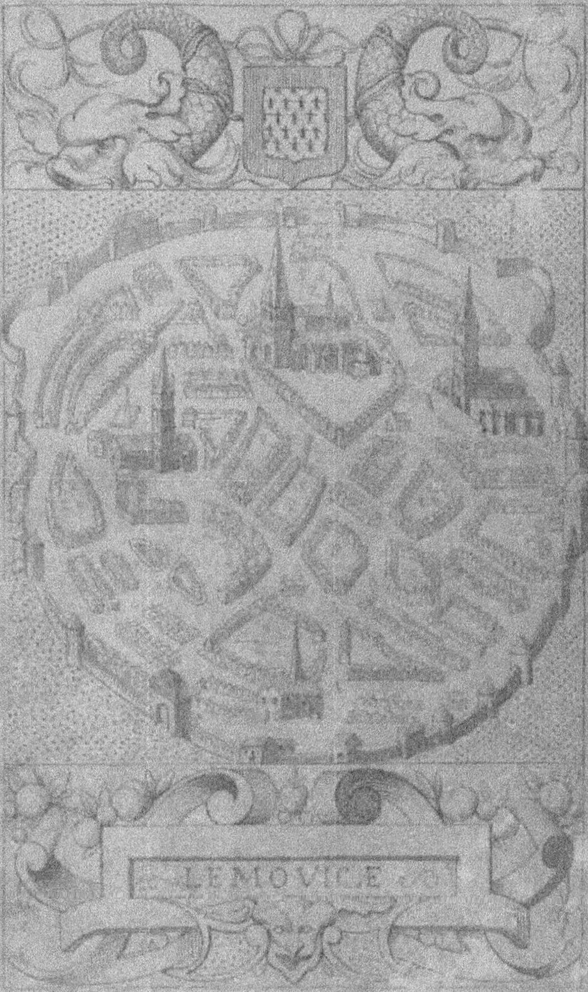

LEMOVICE

www.ingramcontent.com/pod-product-compliance
Ingram Content Group UK Ltd.
Pitfield, Milton Keynes, MK11 3LW, UK
UKHW022056260726
13993UKWH00001B/152

9 782329 228600